D1721233

KOPF
WÄSCHE

MICH
HABEN ALLE
FÜR VERRÜCKT
ERKLÄRT.

ABER
ICH GLAUBE
AN MICH.

WORAN
SOLL ICH
SONST
GLAUBEN?

Von und mit Willi Luger |
auffrisiert durch Helmuth Santler

Einleitung

„Ich bin Friseur", bekommt man im Brustton der Überzeugung zu hören, wenn man Wilhelm Luger danach fragt. Der vitale Mittsechziger mit dem schneeweißen Haar, in dessen Augen Widerstandsgeist gepaart mit. Mitgefühl und viel Humor leuchten, hält sich kerzengerade. Aufrecht. Aufrichtig.

„Friseur ist ein schöner Beruf", unterstreicht Willi, wie er am liebsten genannt wird, gleich noch einmal, wie viel ihm an seinem Gewerbe liegt. „Kreativ, man ist mit Menschen zusammen ... " Doch gerade weil ihm so viel an seiner Arbeit liegt, der schon sein Vater nachging, sind ihm auch etliche Schattenseiten ein Dorn im Auge. Allem voran das „Showgehabe", das in seiner Branche allgegenwärtig ist. Er selbst ist das Gegenteil eines Blenders. Sonst würde er, der Gründer und Chef eines Gemeinwohl-bilanzierten Naturkosmetik-Unternehmens mit 22 Mitarbeiterinnen und Mitarbeitern und über 1000 Fachkunden in Deutschland, Österreich, der Schweiz, Luxemburg und Polen, sich vermutlich anders präsentieren. „Ich bin Naturkosmetik-Pionier", könnte er z. B. sagen, in seiner Infozeitschrift an über 200.000 Adressaten. Oder: „Ich helfe mit, die Qualität und das Ansehen unseres Berufsstandes zu heben." Und auf sein über Jahre optimiertes Ausbildungsmodell verweisen. Oder: „Ich sorge dafür, dass die Branche eine Zukunft hat."

Nicht Willi: Sich aufzuplustern wie eine hochtoupierte Frisur in den Siebzigerjahren ist so ganz und gar seine Sache nicht. Auch wenn er tatsächlich ein Pionier für Naturkosmetik im Fachbereich Friseur ist: Beim Erscheinen dieses Buches sind es 20 Jahre, in denen er konsequent natürliche Haar- und Hautpflegeprodukte erzeugt und vertreibt. Auch wenn er wirklich eine Ausbildung in seiner Branche forciert, die den Beruf wieder näher an seinen Ursprung, den mittelalterlichen Heilpraktiker, heranbringt und auf größtmögliche ganzheitliche Fachkompetenz abzielt. Auch wenn er tatsächlich für ein neues, Zukunftsperspektiven eröffnendes Wirtschaften steht mit einer grundlegenden Maxime: Qualität hat ihren fairen Preis.

Es war ein sehr langer Weg bis zu diesem Punkt – für Willi im wahrsten Sinn des Wortes ein Lebensweg, kennt er doch als Sohn eines Friseurs von Kindheit an die ganzen Hintergründe und Zusammenhänge dieses Berufes. Über 27 Jahre lang hat er einen eigenen Salon geführt und sich dabei stets so verhalten, wie es in der Branche erwartet wird: nahm mit all seinen Lehrlingen an Preisfrisieren teil, hielt sich modisch auf dem Laufenden. Und beobachtete den Niedergang seines Standes zum „Produkttester und Werbeträger der Großindustrie". Sah mit an, wie immer mehr Kolleginnen und Kollegen im härter werdenden Konkurrenzkampf unterzugehen drohten. Lernte Friseure und Friseurinnen kennen, die unter starken Gesundheitsproblemen zu leiden hatten und vielfach nicht mehr in der Lage waren, ihren Beruf auszuüben. Verantwortlich dafür machte er die ständige Belastung mit aggressiven, chemisch-synthetischen Mitteln.

Willi konnte und wollte sich mit all dem nicht abfinden. Der kreative Denker machte sich auf, Lösungen zu finden; der von seinen Ideen Überzeugte ließ sich über lange, schwierige Jahre nicht beirren; der harte Arbeiter besorgte die Realisierung. „Am meisten Erfolg hat man mit dem, wovon einem 90 Prozent der Bekannten abraten", sollte er viele Jahre später einen anderen zitieren, der sich selbst und seinen Vorstellungen stets treu geblieben ist: Niki Lauda.

Lange vor dem Bio-Boom, lange bevor Fairtrade nennenswerte Bedeutung bekam und Ganzheitlichkeit in Wort und Tat geläufig wurde und viele Jahre, bevor ökonomisch tragfähige Alternativen zum rein profitorientierten bestehenden Wirtschaftssystem ernsthaft angedacht wurden, war mit CULUMNATURA ein Unternehmen auf dem Markt, das all das bereits umsetzte. Beim Wegbereiten waren nicht wenige Steine beiseite zu räumen und Hindernisse zu überwinden, doch wer Willi kennt, weiß, dass er seinen kreativen Blick stets auf die Lösung gerichtet hat. Wo andere Schrott sehen, sieht er ein neues Gartentor; der Stein auf der Straße ist genau das Puzzleteil, das ihm für seine Brunneneinfassung noch gefehlt hat; der Ast, der quer über dem Weg zu seinem Ziel liegt, wird kurzerhand zur Holzskulptur umfunktioniert.

 Wer Schwierigkeiten als Möglichkeiten erlebt und Durststrecken als Ausdauertraining betrachtet und dabei stets ein klares Ziel vor Augen hat, wird unweigerlich erfolgreich sein.

Wie genau Willi das alles angestellt hat und was seine Firma so außergewöhnlich macht, ist eine Geschichte der Konsequenz, der Ehrlichkeit und des Glaubens an sich selbst. Sie soll auf den folgenden Seiten erzählt werden. Lassen Sie sich ermutigen!

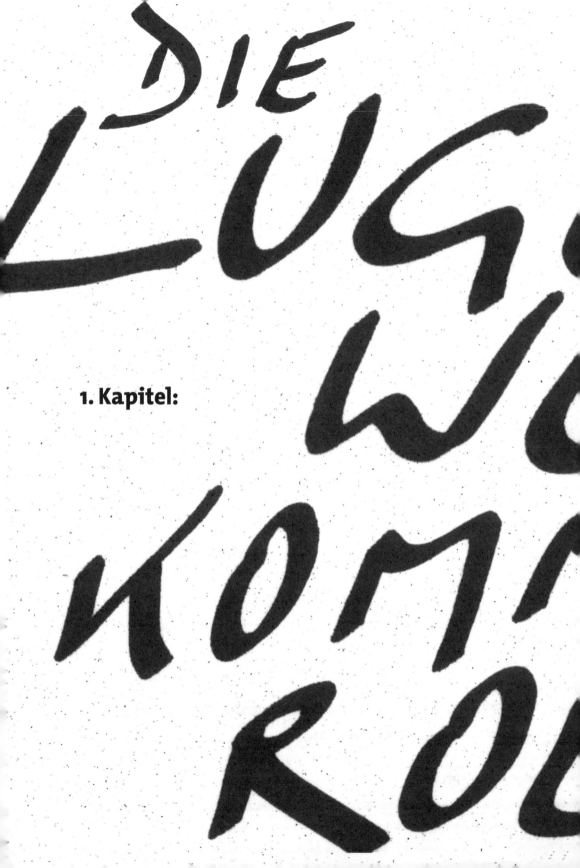

1. Kapitel:

Der Umgang mit Feiertagen war im Hause Luger unkonventionell: Josef Luger, Friseur im steirischen Birkfeld, 53 Kilometer nordöstlich von Graz, wurde in den 1950ern von den meisten Bauern zweimal im Jahr aufgesucht, zu Ostern und zu Weihnachten, und das bedeutete, zu diesen Zeiten drei, vier Wochen hindurch täglich zwölf bis vierzehn Stunden zu arbeiten, damals noch mit der Handdruckmaschine, also dem mechanischen Vorgänger der heute verwendeten elektrischen Haarschneidemaschinen. Während sich überall sonst die ganze Familie andächtig vor dem Christbaum versammelte, arbeitete sich Josef Luger durch steirische Bauernmähnen, bis zwei Uhr morgens am Heiligen Abend. Noch nach der Christmette gab es die letzten Termine beim Haarschneider, manche versündigten sich sogar und ließen die Mitternachtsmesse aus, um sich vom Luger den Winterpelz entfernen zu lassen.

So fand die Bescherung bei den Lugers ohne den Vater statt, und die stillste Zeit des Jahres verdiente diese Bezeichnung in diesem Haushalt voll und ganz: „Es gab nur Ruhe, Ruhe, Ruhe für den Vater, der um diese Zeit jedes Jahr völlig am Ende war, mit einer Sehnenscheidenentzündung wegen der Handdruckmaschine und erschöpft nach seinen 90-Stunden-Wochen." Wilhelm „Willi" Luger hat keine der üblichen verklärten Kindheitserinnerungen an Weihnachten. Im Hause Luger zählte einfach nur die Arbeit, auch die Mutter, Theresia Luger, hatte eine Vielzahl von anstrengenden Aufgaben zu erfüllen. Neben dem Haushalt mit sechs Personen führte sie eine kleine Landwirtschaft inklusive großem Garten, Hasen, Hühnern und während Willis ersten Lebensjahren auch noch einem Schwein und einer Kuh und packte immer wieder am Bauernhof ihrer Schwester mit an. Jede Woche begann gleich mit der härtesten Arbeit, denn Montag war Waschtag: Das hieß nicht nur, die Kleidung von sechs Personen zu reinigen, sondern, am traditionellen freien Tag der Friseure, auch alle Haarschneideumhänge, Rasierservietten und dergleichen von einer ganzen Arbeitswoche im Salon im Erdgeschoß des Wohnhauses für den professionellen Einsatz aufzubereiten. Dafür galt es, schmerzhaft früh anzufangen: Um vier Uhr morgens begann das Tagewerk mit dem Anheizen des Ofens in der Waschküche. Kochwäsche wurde in einem riesigen Kupferkessel voll brodelnder Waschlauge gestampft. Das Ausschwemmen fand gleich hinterm Haus statt, im Weißenbach, außer wenn der gerade Hochwasser führte. Der Vater hatte dort einen „Brückerl" genannten, aufklappbaren großen Waschsteg montiert, auf dem gespült bzw. mechanisch nachgereinigt wurde. Es wundert nicht, dass neben all der harten Arbeit nicht viel Zeit blieb, um sich intensiv mit den Kindern zu beschäftigen. Willis Verbindung zur Mutter war dennoch eng – bis zum Schulalter schlief er sogar bei ihr im Bett. Aus Platznot und, wie er heute augenzwinkernd vermutet, als „Antibabypille". Gleichwie war so für eine Nähe gesorgt, die sich ansonsten in der Familie Luger kaum einstellte: „Familienfeierlichkeiten und die üblichen Anlässe hatten bei uns keine Bedeutung, die Geburtstage meiner Eltern habe ich ewig lang überhaupt nicht mitbekommen. Und so ist das bis heute für mich; ich würde sogar auf meinen eigenen Geburtstag vergessen, wenn mir keiner gratuliert."

Der hat ja auch nichts mit Arbeit zu tun. Neben diesem klar ausgeprägten Fokus übernahm Willi von seinen Eltern auch eine grundfeste Bodenverwurzelung, zu der auch das Fehlen von jeglichem Blendwerk gehört. Es ist einfach nicht seine Art, sich „zur Schau zu stellen", oder, wie er sagt: „Interessiert mich nicht." Ein Satz, der im Gespräch mit Willi Luger immer wieder auftaucht. Was ihn z.B. auch wenig bis gar nicht interessiert, sind festgefahrene Konventionen und, wie wir noch sehen werden, Vorschriften, für deren Existenz niemand einen vernünftigen Grund angeben kann. Dass „man" irgendetwas so und nicht anders mache, ist kein Argument für die Beibehaltung dieses Vorgehens. „Vorschrift ist Vorschrift" ist exakt die Einstellung, mit der man Willis Widerstandsgeist am schnellsten und verlässlichsten weckt. Was ihn brennend interessiert ist, Wege zu beschreiten, unermüdlich und mit größter Konsequenz, deren Zielrichtung er als verfolgenswert erkannt hat.

Willi ist in seiner Familie ein Nachzügler – am 1. Februar 1952, als er seinen allerersten Schrei von sich gab, war sein „jüngerer" Bruder Ernst als nächstjüngster seiner Geschwister bereits zehn Jahre alt. Dann gibt es noch eine Schwester, Erna, und Erich, den Erstgeborenen. „Ich musste mich da ständig behaupten. Meinen Geschwistern war ich verständlicherweise nur lästig, wann immer was war, hieß es: ‚Lass das, das kannst du nicht, du bist zu klein.'" So auch, als seine Schwester, zu der Zeit Friseurlehrling in Graz, mit dem neuesten Spielzeug daherkam: dem Hula-Hoop-Reifen. Dass Reifen seit Jahrtausenden zur Förderung der Geschicklichkeit verwendet wurden und dabei auch um die Hüften gekreist wurden, am Hula-Hoop-Reifen also rein gar nichts neu war außer dass er für eine der ersten global erfolgreichen Marketing-Hypes stand und das Ding aus Plastik statt Holz bestand, war dem Benjamin der Familie Luger natürlich nicht bewusst und wäre ihm damals wohl auch herzlich egal gewesen (ganz im Gegensatz zu heute).

In Gegenwart seiner Geschwister bekam er keine Chance: „Lass das, das kannst du nicht, du bist zu klein." Umso entschlossener nahm der junge Bursche sich der Sache an, wann immer ihn niemand davon abhielt. Es wurde geübt und geübt und geübt. „Mit dem Ergebnis, dass ich es als Erster konnte und wesentlich besser als alle anderen. Das war schon ein prägendes Erlebnis."

Prägend für die Überzeugung, an sein Ziel zu gelangen, wenn man sich nur lange und konsequent genug darum bemüht. Sollte das jetzt ein wenig den Geruch eines leicht pathetischen Selbsthilfe-Spruchs aus der Abteilung Eh-schon-Wissen verströmen und dementsprechend nerven, wird um Nachsicht gebeten und auf eine untadelige Instanz für geistige Führerschaft verwiesen, die sich bereits ganz ähnlich geäußert hat, den Dalai Lama: „Wer sich sagt, dass er seine Ziele erreichen kann, wird unweigerlich Erfolg haben."

Onkel Hans und das Erreichen von Zielen

Willi gelangte zur selben Erkenntnis. Er kannte zwar den Dalai Lama nicht, aber dafür den Onkel Hans umso besser. Hans und seine Frau, Willis Tante mütterlicherseits, hatten einen Bauernhof, auf dem alle Luger-Kinder gerne und viel Zeit verbrachten. Onkel Hans stammte aus einer Bauernfamilie, hatte in jungen Jahren seine Bäuerin geheiratet und führte mit ihr den gemeinsamen Hof. Seine Schulbildung beschränkte sich, wie es damals für seinesgleichen üblich war, auf den Besuch der achtklassigen Volksschule. Einen anderen Beruf als den des Landwirts hatte er nie erlernt, und auch den erlernte man damals nicht im heutigen Sinn, man wuchs einfach damit auf und nahm an Fertigkeiten mit, was gebraucht wurde. Das hielt den ausgeglichenen, stets freundlichen Mann aber nicht davon ab, sich um alles selbst zu kümmern. „Er hatte einen Einachser", erzählt Willi, „der das Zugtier ersetzte, einen Traktor konnte er sich nicht leisten. Der wollte eines Tages nicht und nicht anspringen. Also hat er den Motor aufgeschraubt, um nach dem Rechten zu sehen. Als Erstes sind ihm gleich sieben oder acht Spiralfedern entgegengesprungen." Andere wären vielleicht verzweifelt oder hätten den Selbstversuch zumindest aufgegeben und die Reparatur einem Fachmann übertragen. Nicht so Onkel Hans: In aller Ruhe sammelte er die herumliegenden Teile ein und setzte seine Inspektion des ihm völlig unbekannten Motors fort. Nachdem er die dem Gerät innewohnende Logik erfasst und den Fehler, einen schadhaften Kolbenring, ausgemacht und behoben hatte, setzte er alles wieder zusammen: Maschine läuft! So hielt er es mit allem: Besah sich die Dinge mit Bedacht und reparierte im Vertrauen auf sich und sein Geschick alles selbst, er war quasi Maschinenschlosser, Tischler, Zimmerer, Maurer, Spengler, Dachdecker... in einer Person. Zu den Kindern war er immer nett, nahm den kleinen Willi auch mit zum Viehmarkt und sonstigen wichtigen Ereignissen im bäuerlichen Jahresablauf. Der dankte es ihm mit all seiner Zuneigung und indem er sich den Onkel zum Vorbild nahm: Geht nicht, gibt's nicht. Man nimmt sich etwas fest vor, bleibt konsequent dran, dann wird das was. Solange man sich nicht aus der Ruhe bringen lässt.

Onkel Hans war auch deshalb eine Vaterfigur für Willi, weil sein wirklicher alter Herr es nicht so mit der Kommunikation hatte. Der eigenbrötlerische, wortkarge Dorffriseur Josef Luger nahm seine Mahlzeiten stets abseits von Frau und Kindern an einem eigenen Tisch ein, während es im Haus der Tante üblich war, dass alle ihre Milchsuppe mit eingetunkten Brotstücken aus derselben Schüssel löffelten. Selbst im Dorfwirtshaus blieb Willis Vater für sich, trank sein tägliches Bier für sich allein, setzte sich nie zu jemandem dazu außer zu Fremden, wenn es sich gar nicht vermeiden ließ, und redete prinzipiell nur das Allernötigste. Dem Klischee, als Friseur allwissendes Sprachrohr des Dorfes vulgo erster Verbreiter von Klatsch und Tratsch sein zu müssen, verweigerte er sich konsequenterweise ebenso. „Er ist kriegsgeschädigt nach Hause gekommen aus russischer Gefangenschaft, er war gestört, hat sich total abgeschottet. Als uneheliches Kind hatte er immer schon den Status eines Aussätzigen, so etwas war ja damals nicht erwünscht. Kontakt zur Verwandtschaft hat es nie gegeben, hätte er auch gar nicht gewollt. Vor dem Krieg war er bei einer Theatertruppe, da muss er wohl anders gewesen sein, aber so habe ich ihn nie kennengelernt."

Was nicht heißen soll, dass dem Vater das Wohl seines Jüngsten nicht auf dem Herzen lag, ganz im Gegenteil. Nur zeigte sich das in ganz spezifischer Form: Willis ‚jüngerer' Bruder ist, seit er sich mit einem Pfeil verletzt hat, auf einem Auge blind. Vater Josef entfernte deshalb konsequent alles Spitze aus Willis Umgebung, um ihm unter allen Umständen ein solches Schicksal zu ersparen, schliff sein Taschenmesser rund, brach Pfeilspitzen ab und hielt ihn auch sonst von erkennbaren Gefährdungen nach Möglichkeit fern.

Willi wuchs in diesem Sinn „behütet" auf, wie er selbst es ausdrückt, wodurch er sich als Bub aber benachteiligt fühlte und vor seinen Freunden genierte: Wenn alle anderen versuchten, ihre Messer auf einen Baumstamm zu werfen, sodass sie steckenblieben, konnte er mit seinem verstümmelten Feitel nur beschämt zusehen.

In diesem Sinn reagierte der Vater auch, als er Willi und seine Freunde bei einem ganz besonderen Leichtsinn beobachtete. Willi erzählt: „Ich bin zwischen zwei Flüssen aufgewachsen. Der größere, die Feistritz, war bei einem Sägewerk gestaut, dort ist sie im Winter immer von den Ufern aus zugefroren, die Mitte ist aber meistens offen geblieben. Wir haben als Buben Eisplatten herausgeschlagen, sind drauf hintergefahren und zehn Meter vor dem Wehr heruntergesprungen. Irrsinnig gefährlich. Stell dir vor, wenn ein Kind ausrutscht auf der Eisplatte, das stürzt über das Wehr hinunter. Für uns waren das aber natürlich hochinteressante Spiele." Die anderen Eltern sahen vom Dorfwirtshaus aus zu, nicht so Willis Vater: Der zog sein Söhnchen an den Haaren aus der Gefahrenzone.

Wähnte der Vater seinen Jüngsten hingegen in Sicherheit, verschwand der mitunter schnell wieder aus den väterlichen Gedanken, wie die folgende Episode verdeutlicht: Nach einem Termin in Graz gingen die beiden Richtung Hauptbahnhof, um die Heimfahrt anzutreten, als Jung-Willis Kinderaugen beim Anblick der Auslage eines Spielwarengeschäfts aufleuchteten. Man kannte so etwas vom Land ja nicht, überhaupt war eine Fahrt nach Graz an sich schon etwas Besonderes: In der vierten Klasse der Volksschule war danach gefragt worden, wer die 53 Kilometer lange „Reise" in die Landeshauptstadt schon einmal auf sich genommen hatte, und da meldeten sich genau zwei Schüler – inklusive Willi.

Jedenfalls, der völlig gebannte Willi presste seine Augen an die Schaufensterscheibe, um möglichst viele der faszinierenden Dinge im Inneren zu erspähen, und verschwand für ein paar Momente aus dieser Welt. Als er wieder zurückkehrte, war kein Vater mehr zu sehen: Da keine für ihn erkennbare Gefahrensituation vorlag, hatte der sich einmal mehr in sich verschlossen und aufgehört, seiner Umgebung irgendeine Aufmerksamkeit zu schenken. Eine leise Traurigkeit ist spürbar, wenn Willi erzählt, wie die Geschichte ausging: „Ich bin zum Glück in die richtige Richtung gegangen und habe ihn wiedergefunden. Weil, so wie ich meinen Vater kennengelernt habe, wäre der in den Zug eingestiegen und abgefahren, der hätte nicht auf mich gewartet. Davon bin ich felsenfest überzeugt."

Nun, Willi mag sich dennoch in dieser Hinsicht täuschen, denn wenn es eine praktische Möglichkeit für den Vater gab zu beweisen, dass ihm durchaus an seiner Familie lag, ergriff er sie beim Schopf – wie wortwörtlich im Fall Willis als Eissurfer auf der Feistritz deutlich wurde. Auch wenn das, bei allem vernunftbegründeten Verständnis aus heutiger Sicht, nie zu Willis schönen Erinnerungen zählen wird. Seiner Frau zeigte Josef Luger seine Zuneigung durch das Anschaffen von Haushaltsgeräten: Eine der ersten Waschmaschinen in Birkfeld rumpelte im Hause Luger. Sie schäumte zwar noch ständig über, stellte aber dennoch eine so enorme Arbeitserleichterung für Theresia dar, dass sie Zeit für ganz neue Aktivitäten fand: Sie begann, gelegentliche Fahrten mit einem Kleinbus zu organisieren. Ihr Kleinster war immer dabei und bekam schon früh einen Eindruck von der Größe der Welt außerhalb Birkfelds z.B. bei einem Besuch der Gartenbaumesse 1960 in Wien.

Derlei weckte nicht nur Willis bis heute ungebrochene Reiselust, sondern verstärkte auch die emotionale Bindung zu seiner Mutter, während es die Distanz zum Vater wohl noch vergrößerte: Wie hätte er als kleiner Bub hinter die Mauer blicken sollen, die der posttraumatische Josef Luger um seine Seele errichtet hatte? Gefühle drangen keine durch, Worte schon gar nicht.

Letzteres lag auch in der Familie. Auch die zweite männliche Leitfigur in der Familie war sehr auf sich selbst bezogen und hielt wenig auf kommunikativen Austausch: Auf dem Bauernhof bei Willis Tante wohnte der Großvater, ein übermächtiger Patriarch, der seine kaum gesellschaftsfähigen Gepflogenheiten in aller Selbstverständlichkeit allen anderen aufzwang – wenn er nicht gerade stinkende Zigarren qualmte, spuckte er seinen kautabakgetränkten Speichel überall auf den Boden, wo er gerade stand. Wenig überraschend lernte Willi von dieser Seite gar nichts darüber, wie man miteinander kommuniziert, und sollte auch nie der große Experte in dieser Disziplin werden.

Hinwendung zur Natur

Es gibt aber nichts Schlechtes, das nicht auch gute Seiten hätte, und bei Willi war das die Hinwendung zu den Pfadfindern, also in Wahrheit zur Natur. Hier war niemand kriegsgeschädigt oder übergriffig, hier war einfach alles, wie es war, und man konnte die tiefe Weisheit des flapsigen Spruches „Wie man in den Wald ruft, so schallt es heraus" ganz buchstäblich und unmittelbar erfahren. Ließ man sich darauf ein und verschmolz mit der Natur, wurde man vielfältig beschenkt, mit dem Anblick von scheuen Rehen, streichenden Füchsen, hoppelnden Hasen, mit unvergleichlichen Düften nach Wald und Erde, mit dem Gefühl zu schweben, wenn man auf Moospolster trat. Man lernte Demut, und wie auch nicht, wenn einem bewusst wird, welch unerschöpfliches Wunder uns einfach zu Füßen gelegt wird. Aber auch dadurch, dass man die Naturgewalten hautnah erlebte, wenn man unter einem rasch zusammengesteckten Unterstand ein Gewitter abwarten musste und der Blitz einen Baum vor den furchtsamen Augen spaltete ... und gleich darauf ein Donnerschlag die Schädel der Kinder. Oder so hörte es sich zumindest an.

Es gab auch viel Praktisches zu lernen bei den Pfadfindern, beileibe nicht nur Pfade zu finden, auch wenn das für sich genommen schon überaus nützlich ist. Ganz im Sinn von Onkel Hans galt es, sich mit dem zurechtzufinden, was man vorfand, ob das nun süße Beeren waren oder Sauerklee, Dickicht oder Lichtung – oder ein verletztes junges Waldkäuzchen, das Willi auf einem seiner Streifzüge auflas, als er gerade zum Teenager geworden war. Der noch flugunfähige Ästling war aus dem Nest gefallen und hatte sich ein Bein gebrochen, sodass er in freier Natur nicht hätte überleben können. Willis Beschützerinstinkte waren geweckt, seine Liebe zu allen Wesen konnte sich beweisen. Er bastelte eine winzige Schiene für das Vogelbein und versorgte das Tier mit klein geschnittenen Fleischstückchen und ab und zu einer Maus, wenn die Katze eine übrig hatte. Das Käuzchen, Willis ganzer Stolz, erholte sich rasch, breitete bald auch die Flügel aus und schwang sich in die Luft, blieb aber noch den ganzen Sommer bei ihm und kehrte erst tief im Herbst seinem Retter die Schwanzfedern zu, um sein eigenes Lebensabenteuer zu beginnen.

Mit seiner geglückten Mission gab Willi etwas zurück, das er vor allem bei Onkel Hans und seiner Tante erfahren durfte: Sinn für ein respektvolles Miteinander, Mitgefühl und vor allem die Zuwendung, die doch zarte Kinderseelen so dringend brauchen: „Ich war da Kinderersatz, selbst hatten sie keine, und wurde ordentlich verhätschelt. Aber es musste auch gearbeitet werden." Recht viel sogar: bei der Heuernte, beim Melken und Buttern, Füttern und Hegen, Richten und Reparieren und was sonst noch alles auf einem Bauernhof so anfällt, aber wie heißt es so schön: Was einem Spaß macht, ist keine Arbeit. Die Hauptsache war, so viel wie möglich draußen zu sein, so viel Zeit wie möglich in Verbundenheit mit der Natur zu verbringen, so viel wie möglich mit den Händen zu tun. „Gelernt hab ich nie gern, ich hab immer lieber gearbeitet."

So richtig deutlich wurde das erstmals, als Willi mit der Schule fertig war, aber dann doch nicht: Mit Beginn des Schuljahrs 1966/67 stand der erste Jahrgang der neu eingeführten 9. Schulstufe an. Willi fiel da genau hinein, weigerte sich aber rundheraus, das hinzunehmen – bloß keine Schule mehr, er wollte sich endlich an die Arbeit machen, in die Lehre gehen, und überhaupt: „Das war das erste Jahr, die haben Kraut und Rüben zusammengewürfelt, Volksschule, Hauptschule, aus der ganzen Gegend, und hatten wirklich keine Ahnung, was sie in diesem Jahr mit uns anfangen sollen." Dieser Überzeugung folgend fand der 14-Jährige einen anderen Weg: „Mein ‚jüngerer' Bruder Ernst hat damals in Deutschland gearbeitet, und weil es das 9. Schuljahr dort noch nicht gab, habe ich die Schule abgebrochen, bin zu ihm gezogen und hab' die ersten beiden Lehrjahre in Deutschland verbracht."

Willi Luger wird Friseur

Warum eigentlich Friseur? „Friseur ist ein schöner Beruf mit einigen Vorteilen: Man kann eine gewisse Kreativität ausleben, ist mit Menschen in Kontakt, arbeitet im Warmen und Trockenen, macht sich nicht dreckig. Dazu kam, dass ich ein sehr freiheitsliebender Mensch bin … Selbstständigkeit konnte ich mir als Einziges vorstellen, zumal das damals noch, unabhängig von der konkreten Tätigkeit, sehr viel mehr bedeutet hat als jede Anstellung. Bauern zählten gar nichts, Arbeiter fanden ihr finanzielles Auskommen, vielleicht sogar besser als wir. Besonders gut hat man als Friseur schon damals nicht verdient. In puncto Ansehen ging aber nichts über die Selbstständigkeit, und außerdem wollte ich für meine Arbeit Anerkennung bekommen – nicht wie z. B. ein Koch, der ganz im Verborgenen zu Werke geht und in aller Regel nur dann ein Feedback bekommt, wenn etwas nicht passt."

Dazu kamen ökonomische Gründe: „Als Kind hatte ich immer daran gedacht, Tischler zu werden. Ich arbeite auch heute noch gerne und oft mit Holz. Aber meine Mutter hat mir klargemacht, wie teuer ein Start in die Selbstständigkeit als Tischler wäre, man müsste da erheblich in Geräte und Werkzeug investieren. Als Friseur kann man mit Kamm und Schere anfangen, zumindest theoretisch. Darin steckt auch wieder ein Stück Freiheit: Man kann jederzeit seine Sachen packen und woanders neu anfangen. In Summe haben alle diese Argumente zu meiner Entscheidung geführt: Ich werde Friseur. Und vielleicht hat irgendwo auch eine Rolle gespielt, dass ich es dem Vater beweisen wollte, obwohl oder gerade weil der uns in Sachen Berufswunsch völlige Freiheit gelassen hat."

Gesagt, getan. Zwei Jahre lang lernte er sein Handwerk in einem großen Salon in Deutschland, dann kehrte er für das dritte Lehrjahr nach Graz zurück: Andernfalls hätte er, 25 Jahre vor dem Beitritt Österreichs zur EU, nach dem Lehrabschluss die Meisterprüfung nicht ablegen können. Beide Male hatte er „das nötige Glück mit seinen Lehrherren", geriet also an Friseurmeister, denen am Fortkommen ihrer Lehrlinge wirklich etwas lag. In Graz wurde dafür auch preisfrisiert. Willi hat heute eine sehr kritische Einstellung gegenüber den Frisierwettbewerben[1], weiß aber: „Das Frisieren vor Publikum ist eine wichtige und gute Schule." Nicht zuletzt deshalb, weil dafür natürlich eigens trainiert wird und die Lehrlinge intensiv an ihrer Technik arbeiten. In Graz zeigte sich auch, wie wichtig das positive Vorbild des Lehrherrn ist: Die ebenfalls preisfrisierenden Gesellen halfen den Lehrlingen beim Training, weil sie dieselbe Unterstützung einst vom Meister bekommen hatten. Genauso würde es Jahre später auch Willi halten.

Zunächst galt es für den frischgebackenen Friseurgesellen allerdings, den vaterländischen (Wehr-)Pflichten nachzukommen: Das Bundesheer wartete. Dem standesgemäß für das Ende der Sechzigerjahre mit schulterlangen Haaren ausge-

[1] *Das Teilnehmen ist für Willi positiv besetzt, wenn es aber ums Gewinnen geht, muss das ehrliche, qualitätsvolle Handwerk pausieren: Da entscheiden dann eher die besten Modelle – Damen immer blond, um die Wellen gut präsentieren zu können, Herren dunkel, um die Haaransätze sichtbar zu machen. Zudem gibt es „Profi-Preisfrisierer", die „ihre" Frisur auf dem Kopf „ihres" Modells notfalls im Schlaf machen, sonstige Qualitäten aber zumindest nicht unter Beweis stellen. Last but not least sagt Willi: „Preisfrisieren kann man nur mit kaputten Haaren gewinnen." Denn jede Natürlichkeit entzieht sich dem strikten Modediktat, die „Freiheit" der Haare verträgt sich gar nicht mit dem Bemühen, sie in eine siegversprechende Form zu zwängen.*

statteten Rekruten in spe wurde von seinem älteren Bruder, der mittlerweile das väterliche Geschäft übernommen hatte, am Tag der Einrückung eine Kurzhaarfrisur geschnitten, wegen der er sich die ganze Fahrt zur Kaserne in Pinkafeld im Auto versteckte. Nicht, dass es ein schlechter Haarschnitt gewesen wäre, keineswegs, aber mit derart kurzen Haaren konnte man sich einfach nicht sehen lassen als Junger...

Die erste Anweisung beim Antritt des Wehrdienstes lautete nichtsdestotrotz: „Luger, zum Friseur!" Auf Drei-Millimeter-Stoppel zurechtgestutzt und ausgestattet mit einer viel zu großen Hose, „unten mit Rexgummi[2] zusammengezogen" à la osmanische Pluderhose, oben in eine viel zu kleine Jacke gezwängt, stapfte er dann vierzehn Tage später in den genagelten Bundesheerstiefeln über den Kasernenhof, um am Eingangstor seine Schwester zu begrüßen, die sich den groß gewordenen kleinen Bruder als Soldaten ansehen wollte. Dass ein Wildfremder schnurstracks auf sie zuhielt, empfand Erna schon als ziemlich frech, und dann dieser Aufzug... und dieser grauenvolle Haarschnitt... „Servus, Erna", sagte der Bursche dann auf einmal, und an der Stimme kam ihr dann doch etwas sehr vertraut vor.

„Willi?", fragte sie ungläubig. „Wie schaust du denn aus? Ich hab dich gar nicht erkannt! Das hat dir aber nicht der Erich angetan, oder?"

„Nein, das war der Haarschlächter von der Kaserne. Dabei hab ich mich schon für Erichs Haarschnitt zu Tode geniert."

„Sie wachsen wieder."

„Zum Glück; so könnte ich meinen Beruf nämlich ganz bestimmt nicht ausüben."

----

[2] Der Dichtungsgummiring eines Einmachglases, in Österreich Rexglas genannt.

Sie wuchsen tatsächlich wieder, zumindest nachdem Willi nach neun Monaten seiner Pflicht Genüge getan hatte und keine Zwangsscherungen mehr erfolgten. Der Geselle war frei und tat, was Gesellen traditionellerweise so tun: Er ging auf Wanderschaft. Saisonarbeit in Salzburg, im Zillertal, ein Jahr in Nürnberg ... ein schicksalshaftes Jahr, lernt er dort doch die zukünftige Mutter seiner Kinder kennen, die blutjunge Angelika. Die beiden verlieben sich Herz über Kopf und mit allem, was dazugehört – so dauert es nur ein paar Monate, bis die kleine Kirsten unterwegs ist. Willi ist 21, seine Braut zarte 16, als er sie ziemlich schwanger vor den Traualtar führt. 15 großteils glückliche Ehejahre sollten folgen, auch Willis Sohn Volker entspringt der innigen Verbindung der beiden. Zunächst galt es aber, die junge Familie abzusichern. „Mein Bruder in Deutschland hat mich aufgenommen. Da hab ich dann ein paar Monate in einer Plastikfabrik gearbeitet, damit ich uns erhalten kann; als Friseur war nichts zu finden gewesen, und so etwas wie ‚Das ist meiner nicht würdig‘ hat's nicht gegeben. Und dass ich auf Arbeitslose gegangen wäre, ist mir gar nicht erst eingefallen."

Dann ergab sich die Möglichkeit, in Graz wieder als Friseur tätig zu werden. Angelika, die ihre Lehre zur Bürokauffrau wegen der Liebes- und Heiratssachen abgebrochen hatte, fand Arbeit als Hausmeisterin, was sich ausgezeichnet mit der Betreuung der kleinen Kirsten vereinbaren ließ und dank der besonders günstigen Wohnung für sehr niedrige Lebenshaltungskosten sorgte. Die relativ stabilen Verhältnisse ermöglichten Willi, sich an den letzten Schritt vor dem Gang in die Selbstständigkeit zu machen: das Ablegen der Meisterprüfung. „Die hat ein halbes Jahr gedauert. Dann, im September 1975, habe ich meinen ehemaligen Lehrmeister besucht und ganz stolz erzählt, dass ich jetzt auch einen Meisterbrief habe mit meinem Namen drauf. Sagt er: ‚Du, Willi, ich wüsst' ein Geschäft für dich, die Schwiegermutter von einem Freund von mir geht in Pension. Das ist in Niederösterreich draußen, schau dir das an.'"

Nach zwei Wochen Mitarbeit zum Jahresende war der Entschluss gefasst. Die Familie übersiedelte, und am 2. Jänner 1976 öffnete der Salon Luger in jenem schmucken Ort am Fuße des heutigen Naturparks Leiser Berge seine Pforten, in dem Willi bis heute seinen Wohn- und Firmensitz hat: Ernstbrunn.

Der eigene Salon

Wobei, so hübsch wie heute war die Marktgemeinde damals beileibe nicht, wie Willi erzählt. „Es hat zu der Zeit bei keinem Haus Blumen gegeben. Ich erkläre mir das so: Die Bevölkerung hat hier jahrhundertelang sehr viel mitgemacht, rund um Wien, es war immer fruchtbarer Boden, es war alles immer Herrschaftsbesitz, es sind sämtliche Völker dagewesen, ob Schweden, Franzosen oder Türken, bis zum 55er-Jahr. Ernstbrunn war das Zentrum der russischen Besatzung des Weinviertels, bis 1955 waren die im Schloss[3]. Fremde waren so gut wie immer feindselig, haben den Menschen hier etwas weggenommen, und man kann verstehen, dass es viel Angst gab und das Bedürfnis, sich abzuschotten. Ich glaube, dass dadurch diese Mentalität entstanden ist: nach außen hin nichts zeigen. Wir haben nichts. Ich kann mich an einen Besuch aus Deutschland erinnern, der hat, nachdem er bei Tulln die Donau überquert hatte, bei uns angerufen, ob er noch richtig ist oder schon in Tschechien. Weil die Dörfer so trist waren." Aller Anfang war nicht nur deshalb schwer: „Ich würde heute niemandem mehr empfehlen, einen Salon zu übernehmen", spricht Willi eine eher unpopuläre Thematik an. „Wenn je-

---

[3] *Schloss Ernstbrunn, im Besitz der Fürsten Reuß-Köstritz*

mand vorhat, in Pension zu gehen, investiert er nicht mehr; die Einrichtung ist meist veraltet. Und ob man die Kunden mitübernimmt, kann niemand vorhersagen." Besser sei es, gleich ein leeres Lokal zu mieten und nach den eigenen Vorstellungen einzurichten. Willi lernte diese Lektion auf die harte Tour: Der von ihm übernommene und natürlich samt Einrichtung abgelöste Salon war genau so ein Fall. Nach einem Jahr, in dem sich die Sache reichlich zäh entwickelte, ergriff er die Initiative, gab den altertümlichen Laden auf und eröffnete seinen wirklich eigenen, nagelneuen Salon an einem anderen Standort in Ernstbrunn. 100.000 Schilling habe ihn der Fehlstart gekostet – in heutigen Geldwert umgerechnet mehr als 15.000 Euro.

Willi steckte diesen Rückschlag weg, mit noch mehr Arbeit bei gleichbleibend hoher Qualität. Sein Credo damals wie heute: „Wenn ich es mache, dann vernünftig". Und: „Selbstzweifel darf ich keine haben und mich nicht von Angst hemmen lassen. Ich glaube an mich; woran soll ich sonst glauben?"

Neuer Salon, viel Fleiß und Qualität und die Überzeugung, seine Ziele zu erreichen: Diese Zutaten brachten die „Luger-Welle" nun gut ins Rollen. Mit diesem in Ernstbrunn und Umgebung bald geflügelten Wort wurde sein coiffeuristisches Markenzeichen bedacht: „Na, du, hast auch die Luger-Welle?", hieß es da, wann immer bei einer Veranstaltung ein paar Leute zusammenstanden. „Dabei", erzählt Willi, „war ich immer um fünf Schilling teurer als meine Mitbewerber. Aber ich hatte mit dem Preis nie ein Problem – die Qualität meiner Arbeit hat gestimmt und die Leute haben das erkannt und wertgeschätzt. Man muss das schon auch entsprechend vermitteln, aber im Grunde geht es um nichts anderes."

Wobei „vermitteln" im Fall von Willi keine teuren Imagekampagnen bedeutete, sondern vor allem darin bestand, mit gutem Beispiel voranzugehen, also stets solide Arbeit zu leisten und seine Fertigkeiten weiterzugeben. Er erwarb sich rasch den Ruf eines ausgezeichneten Lehrherrn, dem die bestmögliche Ausbildung seiner Schutzbefohlenen ein ehrliches Anliegen ist. Trotz seiner Vorbehalte opferte er unzählige Wochenenden, um seine Lehrlinge zu Frisurwettbewerben zu bringen und ihnen dort beizustehen – weil es keine bessere Möglichkeit gab, sich in der Haarschneidetechnik zu perfektionieren und seine eigenen Fähigkeiten im Vergleich mit anderen einzuschätzen. Er hielt sich auch modisch auf dem Laufenden, wiederum unter Missachtung seiner eigenen Überzeugungen: Willi war völlig klar, dass nur ein zum Typ passender, handwerklich einwandfrei ausgeführter Haarschnitt letztendlich zu dem führt, was er als qualitativ hochwertige Arbeit einstufte. Aber auch wenn saisonale Modefrisuren nicht mehr als kurzsichtige Geschäftsbelebungsversuche der Branche sein mochten und Willi stets bestrebt war, seinen Kundinnen den bestmöglichen Kompromiss aus ihren Wünschen und dem, was er als Fachmann für richtig befand, zu bieten, wäre es doch einfach unprofessionell gewesen, nicht über aktuelle Trends Bescheid zu wissen. Und damit dieses Wissen auch nicht seinen Lehrlingen weitergeben zu können, die er ja zu nichts zwingen wollte: Sie sollten das Handwerk möglichst gut und umfassend erlernen, um später die freie Wahl zu haben, wie sie es ausüben wollten.

Mit seiner Begeisterung für seine Arbeit hatte Willi auch seine Frau angesteckt: Angelika ging ebenfalls in die Friseurlehre, auf Willis ausdrücklichen Wunsch aber nicht in seinem Salon. Er befürchtete allzu große Reibungsverluste, wenn Geschäfts- und Privatleben derart vermischt würden, und wollte sich auch nicht in dem Dilemma verfangen, der Lehrherr der Mutter seiner Kinder zu sein. Nach ihrem Abschluss arbeitete sie dann aber doch in seinem Salon in Ernstbrunn, und Willi sah sich zu seinem Leidwesen bestätigt. Angelika als Gesellin, Angestellte und Ehefrau gleich wie alle anderen zu behandeln, nicht zu bevorzugen, aber auch nicht zu benachteiligen im Bestreben, sie ja nicht zu begünstigen, erwies sich als Luger-inkompatibler Eiertanz. „Wir haben dann einen zweiten Salon eröffnet", erzählt Willi vom Versuch, durch räumliche Distanz und klar getrennte Verantwortungsbereiche der Erosion seiner Ehe entgegenzuwirken. Ein Versuch, der misslang – das Lokal wurde recht bald an damalige Mitarbeiter abgegeben. Angelika war nach Willis Einschätzung zu nachgiebig gewesen, um einen Salon erfolgreich führen zu können. Die beiden lebten sich in den Jahren danach immer weiter auseinander, und 1988 wurde die Ehe geschieden.

Noch sind wir in unserer Geschichte aber nicht an diesem Punkt angelangt. Vorerst lief alles nach Plan, obwohl „der Luger" in gewisser Weise ein ungewöhnlicher Friseur war: „Etliche Kunden arbeiteten in Wien und waren nur am Wochenende in Ernstbrunn. Die wollten dann wissen, was denn alles so passiert ist. Meine mit Abstand häufigste Antwort lautete: Ich weiß nichts. Selbst wenn ich etwas gewusst hab', dann ist es mir entweder im Moment nicht eingefallen oder ich hab's nicht gesagt, weil es für mich so uninteressant war."

Die Elfriede Ernstbrunnerin hat beim Gemeindeball und beim Feuerwehrball dasselbe Kleid getragen? (Manche sagen sogar: schon das zweite Jahr hintereinander.) Der junge Franz Ausdergegend ist im Bus neben der Maria Vongegenüber gesessen? (Viel dichter beieinander als nötig, das war ganz klar zu erkennen.) Und? „Viele haben zu mir gesagt: ‚Was bist denn du für ein Friseur? Du bist ja gar kein Friseur, ein Friseur muss die Neuigkeiten wissen.' Na, dann seid's beim falschen Friseur. Ich arbeite hier, aber dass ich weiß Gott was erzähl…"

Klatsch- und Tratschbörse zu sein vertrug sich einfach nicht mit Willis Arbeitsethos: Er wollte sein Handwerk ernst genommen wissen. Schließlich erwartet auch niemand, von einem Tischler oder Installateur mit dem Neuesten aus der Gerüchteküche versorgt zu werden. Zudem hatte er die Ernstbrunner Gesellschaft anfangs als sehr verschlossen und in kleine verschworene Grüppchen unterteilt erlebt. Das widersprach seinem Gemeinschaftssinn und barg immer die

Gefahr, sich in irgendwelche Nesseln zu setzen. Nicht dass Willi Konfrontationen gescheut hätte, ganz im Gegenteil, aber wenn, dann musste es schon um etwas von Bedeutung gehen. Das „Wer-mit-Wem" hingegen fiel in die Kategorie: „Interessiert mich nicht."

Von sichtbaren und unsichtbaren Masken

Willi fand andere Wege, um sich in der Gemeinde einzubringen: Eines schönen Faschingsdienstags staunten die Ernstbrunner nicht schlecht, als sie im Frisiersalon Luger von Graf Dracula und seinen bissigen Gefährtinnen in Empfang genommen wurden. Da niemand Schwierigkeiten mit akutem Blutverlust bekam und das Krümmen etlicher Härchen ganz nach Plan verlief, hatten alle ihren Spaß, und im Jahr darauf waren viele neugierig, ob der Luger wieder so etwas veranstalten würde. Dieses Mal trafen sie auf eine langmähnige Blondine mit doch eher herben Gesichtszügen, aber immerhin: Die Frisur saß perfekt.

Über die Jahre fanden sich so viele Nachahmer und Mitmacher, dass schließlich am Faschingsdienstag in allen Geschäften, Banken und sonstigen Institutionen Maskerade angesagt war. Ein im Osten Österreichs sehr unübliches Treiben, aber: Es tat gut, sich wenigstens einmal im Jahr zum Affen zu machen. Oder zur Witwe Bolte, einem der All-Time-Favourites von Willis Faschingskostümierungen.

Ohne Hilfe wäre die Einführung des Faschings in dem 2.000-Seelen-Ort aber wohl nicht gelungen. Da hatte Willi indes genau die Richtigen auf seine Seite gebracht: die Dorfjugend. Jahrelang führte er als Feldmeister die örtliche Pfadfindergruppe und durfte sich über wachsende Beliebtheit freuen; waren es anfangs knapp 20 Jugendliche gewesen, die unzählige Wochen(enden) in der Natur mit ihm verbrachten, folgten zuletzt mehr als 50 seinem Beispiel. „Ich hab da viel gelernt über den Umgang mit Jugendlichen; die brauchen ständig Herausforderungen, denen muss man ständig etwas bieten." Willi liebte es, seine Begeisterung für alles, was da kreucht und fleucht und wächst und gedeiht, mit den jungen Menschen zu teilen. Seine Kirsten war natürlich immer dabei, ihr kleiner Bruder Volker „hat praktisch auf meinen Schultern seine Kindheit verbracht"; und ein Hund durfte auch nicht fehlen. Willi hatte immer einen guten Draht zur Jugend, vielleicht auch, weil er die Lage oft besser einschätzte: Ganz im Gegensatz zur Erwartungshaltung vieler Eltern verspürten die Kids bei mehrtägigen Ausflügen in aller Regel nicht das geringste Heimweh. Beim Verabschieden gab es zwar oft manch herzzerreißende Szene voller Trennungsschmerz, doch war das alles vergessen, sobald der Bus Richtung Pfadfinderlager um die Ecke gebogen war, also so etwa zwei Minuten später. Die Lehre, die er für die Arbeit im Salon daraus zog, war, die begleitenden Eltern nach Möglichkeit auf einen Kaffee oder zum Einkaufen zu schicken, um in Ruhe den Kinderhaarschnitt machen zu können.

Unverstellt ist das Adjektiv, das Willi am treffendsten beschreibt; und unverstellt sind in einer Welt, in der so viele Masken tragen, vor allem die Jungen. Sie dankten ihm seine ehrliche Begeisterung beim Durchstreifen der Natur mit ebenso ehrlicher und begeisterter Anteilnahme und fanden vieles „super", was ihr Feldmeister so zu bieten hatte. Sich im Fasching zu verkleiden gehörte natürlich auch dazu.

Schwerer tat sich Meister Luger da schon mit den Dauermaskenträgern: Wenn Diplomatie bedeutet, sich wechselseitig so lange zu verbiegen, bis niemand mehr weiß, was Sache ist und deshalb nur noch nach Eigen- bzw. Gruppeninteressen entschieden wird, dann ist Willi die strikte Antithese zu jeglicher Diplomatie. Denn in diesem Sinn ist Diplomatie nur ein feines Wort für Klüngel- und Freunderlwirtschaft, da können gelackte Marketingexperten noch so viele großtuerische Worthülsen à la „Bedienen von Partikularinteressen" und „Lobbying" hinausposaunen.

Versucht hat Willi es natürlich trotzdem mit der Lokalpolitik, weil ihm das Gemeinwohl einfach ein echtes Anliegen war. Jahrelang war er Obmann des Gewerbevereins „Ernstbrunn aktiv" – sein Ausscheiden war gleichbedeutend mit dem Ende des Vereins –, und dann unternahm er einen kurzen Ausflug in die Politik. Den Anlass dazu lieferte ein Streit um eine Kläranlage. Dazu muss man wissen: Ernstbrunn liegt an einer regionalen Wasserscheide, wobei der größere Teil der Gemeinde zu einer Seite hin entwässert. Weshalb es Willi auf der Hand zu liegen schien, dass für die einzelnen Dörfer auf der anderen Seite der Wasserscheide eine lokale Pflanzenkläranlage die ökonomisch und ökologisch sinnvollste Variante wäre.

„Ich habe mir gesagt: Ich kann nicht immer nur schreien und nichts tun. Ich lass mich in den Gemeinderat wählen, um das umzusetzen." Als der ÖVP[4]-Ortschef zu ihm zum Haareschneiden kommt, setzt er ihm dieses Vorhaben auseinander, nicht ohne vorab zu erklären, dass ihn Parteien grundsätzlich nicht interessieren, sehr wohl aber die Gemeinde: „Und ihr seid die stärkste Fraktion, deshalb denke ich, dass ich bei euch am meisten bewirken kann. Ich will mich euch anschließen und kandidieren.' Sagt der doch glatt: ‚Nein, Willi, so einfach ist das nicht. Am besten gehst du zu den Blauen[5].'"

In der selbst für niederösterreichische Verhältnisse politisch extrem schwarzen Gemeinde Ernstbrunn (2015 entfielen 17 der 23 Gemeinderatssitze auf die ÖVP, die zuletzt über 70 Prozent der Stimmen erhalten hatte) war Willi mittlerweile als einer bekannt, der den Mund nicht halten würde; zudem hatte er ja

[4] Österreichische Volkspartei, vergleichbar mit der bundesdeutschen CDU, Parteifarbe: Schwarz

[5] Freiheitliche Partei Österreichs (FPÖ), deren damals noch wortführender liberaler Flügel als Pendant der FDP gelten konnte.

bereits angekündigt, sich keinen Deut um die Partei zu scheren. Die Schwarzen brauchten ihn also nicht, um sich ihres Hauptanliegens, der Erhaltung ihrer Pfründe, anzunehmen. Sollte sich doch der politische Gegner mit dem Querulanten herumärgern.

Willi, entschlossen, von seinem einmal gefassten Vorhaben nicht abzurücken, folgte der Empfehlung und ließ sich über die FPÖ als Unparteiischer in den Gemeinderat wählen; sein Ausflug in die Politik währte indes nur etwas mehr als ein Jahr. „Dieser ganze Parteienproporz, das war für mich nicht zum Aushalten; ich kann mir nicht selbst in die Tasche lügen." Die Pflanzenkläranlage, da gaben ihm im vertraulichen Gespräch sämtliche anderen Parteienvertreter recht, käme eindeutig günstiger als die Version, alle Abwässer auf die andere Seite der Wasserscheide zu pumpen. Das war ja auch keine Meinungsfrage, sondern eine objektive Tatsache. Nur: In dem Moment, auf den es ankam, bei der Abstimmung, wurde nicht nach Vernunftgründen entschieden, nicht im Sinn der Sache mit dem bestmöglichen Resultat für das Gemeinwohl im Blick, sondern ausschließlich aufgrund der Parteiräson. Vielleicht spielten auch Bestrebungen eine Rolle, das Territorium zu markieren und sich als Alphatiere zu bestätigen. Jedenfalls galt es unter allen Umständen und zuvorderst, den Schein zu wahren. Auf Rückfrage Willis wurde jegliches informell gegebene Zugeständnis abgestritten: Die anderen Gemeinderatsmitglieder sprachen von einem Missverständnis und behaupteten das Gegenteil. „Und wenn das schon in einem kleinen Dorf so ist, was muss sich dann erst im Großen abspielen?", stellt Willi eine rhetorische Frage. „Macht eine Seite einen Vorschlag, sind die anderen dagegen. Prinzipiell. Zwei Monate später bringen die dann denselben Vorschlag ihrerseits ein, sind natürlich die dagegen, die das am Anfang unbedingt wollten. Wie die Politik geführt wird, das ist nicht meine Art, ich kann mich nicht selbst belügen."

*Parteien*vertreter eben, keine Volksvertreter.

Im Umgang mit Politik und Parteien bestand für Willi die Konsequenz darin, von derlei die Finger zu lassen; er, der „g'rade Michel", musste sich verrenken, konnte nichts bewirken und schadete sich auch noch selbst im Geschäft: „Ich habe dadurch sehr viele Kunden verloren, weil egal, was ich gesagt habe, irgendwen hatte ich immer gegen mich. Wenn man auf die Ortsbevölkerung als Kundschaft angewiesen ist, sollte man nicht in die Politik gehen", ist ihm heute klar. Denn wenn Entscheidungen dieselben Menschen betreffen, dank denen man sein Auskommen findet, ist ein permanenter Interessenkonflikt nicht zu vermeiden.

Die Showbranche

In seinem Beruf blieb ihm allerdings nichts anderes übrig, als sich mit der realpolitisch augenscheinlich alles beherrschenden Thematik „äußeres Erscheinungsbild" intensiv zu beschäftigen, da er nun einmal in einer Branche tätig ist, die sich dem schönen Schein verschrieben hat: „Der Großteil der Friseure sind Showleute." Das wäre an und für sich noch nicht das Schlimmste, würde hinter dem glanzvollen Auftritt eine verlässliche und qualitativ hochwertige Leistung stehen und der kollegiale Respekt stimmen, nur ist eben das gerade nicht der Fall. „Ich war 27 Jahre selbstständig als Friseur, ich habe mit allen meinen Lehrlingen preisfrisiert, ich kenne auch diese Seite des Friseurseins und die Akteure – ist man erst einmal zehn Jahre dabei, kennt man jeden. Es sind ja immer dieselben." Umgekehrt sahen gerade die größten Stars der Branche, die speziell in Wien, „der Hauptstadt der Friseurweltmeister", häufig anzutreffenden Staats-, Europa- und Weltmeister, auch nach zehn Jahren durch Willi hindurch: ein Dorffriseur, unbedeutend. Mit einem von diesen selbsternannten Überfliegern kam Willi einmal bei einem einwöchigen

Pivot-Point[6]-Haarschneidetechnikkurs zusammen. „Zur Kontrolle wird der als Modell dienende Echthaar-Kunstkopf umgedreht, runterfrisiert, dann sieht man auf einen Blick, ob exakt geschnitten wurde. Er war der Einzige von unserer Gruppe, der nie einen geraden Haarschnitt zusammengebracht hat. Interessanterweise hat er mich von dem Moment an gekannt, an dem er einsehen musste, dass ich der bessere Friseur war. Und auch gegrüßt."

„Das sind so Sachen, mit denen ich nichts anfangen kann", schimpft der Friseurmeister über von der Industrie gepushte Vorzeigefiguren, bei denen die solide Qualität (fast) keine Rolle mehr spielt, nur der Auftritt, das Verkaufen, die Show. „Da kann einer 15-mal Weltmeister sein, mich interessiert das nicht. Er muss Leistung bringen, alles andere zählt nicht. Die wenigsten sind fachlich wirklich gut drauf. Und das ist schade."

Es ist schade, weil damit nach Willis Meinung das Ansehen eines ganzen Berufsstandes leidet. Im besten Fall ist ein Friseur heute ein Dienstleister, der Haare schneiden kann; das trauen sich allerdings nicht weniger als 40 Prozent der österreichischen Bevölkerung laut einer WKO[7]-Umfrage auch selbst und ohne jede Ausbildung zu und erledigen das Haarekürzen in Eigenregie. Alles, was darüber hinausgeht, die Beschaffenheit von Haut und Haar, die gesundheitsbezogenen Zusammenhänge, Wissen um die Inhaltsstoffe und Wirkungen von Haut- und Haarpflegeprodukten, der Einfluss der Ernährung auf einfach alles ... erfordert ein Hintergrundwissen, über das die wenigsten in der Branche verfügen. Diese Zusammenhänge werden nicht gelehrt an den Berufsschulen (mit ganz wenigen Ausnahmen, siehe das Kapitel *Die Säule Wissen*), es wird in den herkömmlichen Salons nicht angewendet, es kommt schon gar nicht in den üblichen Friseurseminaren vor: „Mir geht es darum, das Ansehen der Friseure wieder zu heben, und da-

[6] *Zur Erklärung für Nichtfachleute: „pivot" ist französisch für Dreh- oder Angelpunkt. Die Pivot-Point-Technik ermöglicht ein exaktes Schneiden; der Fall des Haars ist abhängig vom Winkel des Abhebens, und nur ein handwerklich gut ausgeführter Haarschnitt verhilft zu einer über Wochen gut sitzenden Frisur, ohne dass das Haar nach dem Waschen jedes Mal mit dem Föhn in die gewünschte Form gezwungen werden muss. Geübt wird mit echtem Haar auf Kunstköpfen.*

[7] *Wirtschaftskammer Österreich*

für muss das fehlende Hintergrundwissen vermittelt werden. In den Seminaren der Großfirmen habe ich mich nie wohlgefühlt, da geht es nur um die Show und ums Verkaufen. Produkte werden vorgestellt, aber nicht erklärt. Da reden Leute, die können drei Tage über das neueste unverzichtbare Überdrüberprodukt schwafeln, ohne das man nicht mehr existieren könne, und wissen nicht einmal, was da drin ist", empört sich Willi über das Verbreiten von Blendwerk zum einzigen Zweck der Profitmaximierung. Zumal sich „was da drin ist" immer deutlicher als teilweise hochgradig problematisch herausstellte.

Dann kam ein weiteres Ärgernis hinzu: Der von Willi konstatierte Imageverfall seines Berufsstandes hatte schon länger dazu beigetragen, dass die Friseure zu „Handlangern der Industrie" verkommen waren, wie er beklagt. Gemeint ist: Sie machen im Salon fleißig unbezahlte Werbung für Produkte, die sich die Kunden dann billig im Supermarkt kaufen. Als ein neues Schuppenshampoo „nur für den Fachbereich" auf den Markt kam, gab das kurz Anlass zur Hoffnung, dass sich in dieser Sache etwas ändern würde. Bis das Shampoo „nur für den Fachbereich" sechs Monate nach Markteinführung in jeder Drogerie zu haben war. Das brachte das Fass bei Willi zum Überlaufen. Weil der Luger aber lieber zur Tat schreitet, als lange zu theoretisieren und zu lamentieren, blieb es natürlich nicht bei der Empörung.

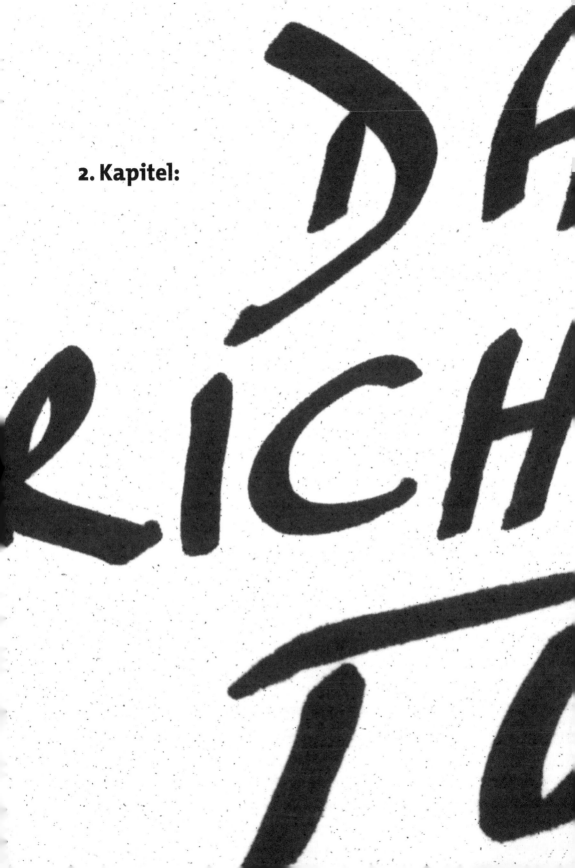

2. Kapitel:

S

TISE

N

Willi machte sich auf die Suche nach einem Anbieter von Friseurkosmetik, der tatsächlich nur für den Fachbereich tätig war, und wurde in Nordeuropa fündig. Eine Begegnung, die den Weg für einen fundamentalen Wandel bereitete: Der Betrieb war der Beweis, dass Willis Kritikpunkte berechtigt und Alternativen nicht nur denkbar und nötig waren, sondern bereits existierten – wenn auch nicht immer in der Konsequenz, die ihm vorschwebte.

Zunächst gab es aber viel zu lernen: Die Schweden setzten auf Wissensvermittlung, und Willi saugte ein Seminar nach dem anderen in sich auf. Endlich wurde echte Information geboten statt getarnter Werbeveranstaltungen, endlich kamen Leute vom Fach zu Wort und nicht reine Verkaufstypen, die sich nur für Absatzzahlen interessierten.

Willi vertiefte sich derart in die Materie, dass er nach etwa drei Jahren die Möglichkeit bekam, die Seiten zu wechseln und vom Lernenden zum Lehrenden zu werden. Dabei lernte er nicht nur schneller und mehr als je zuvor (nichts hilft besser, ein Thema wirklich zu durchdringen, als einen Vortrag darüber zu halten und sich den Fragen des interessierten Publikums zu stellen [das ist sogar besser, als ein Buch darüber zu schreiben, Anm. HS]). Er lernte auch eine Gleichgesinnte kennen, die in den folgenden Jahren eine wichtige Rolle in seinem Leben spielen sollte – privat wie beruflich, wobei diese beiden Bereiche sich im Fall von Willi in großen Teilen überschneiden: Brunhilde Lang. Die Hamburgerin, Chefin eines eigenen Frisiersalons in Deutschland, hielt ebenfalls Seminare für den schwedischen Kosmetikanbieter ab, nachdem sie zunächst Kundin und Seminarteilnehmerin gewesen war.

Während die Distanz zu seiner Angelika wuchs, schrumpfte jene zu Brunhilde. In ihr hatte Willi eine Frau gefunden, die fachlich nicht nur auf Augenhöhe mit ihm selbst war, sondern von der er in wichtigen Bereichen noch sehr viel mitnehmen konnte. Brunhilde, die Anflügen von Irritation angesichts ihres ungewöhnlichen, urgermanischen Vornamens gerne zuvorkam, indem sie darauf verwies, was für eine „schöne Königin" die mythologische Brynhild aus der Nibelungensage gewesen sei, war insbesondere in Sachen Naturkosmetik sehr beschlagen. Wie auch, was die Kehrseite der Medaille betraf: die negativen Auswirkungen der chemisch-synthetischen Kosmetik.

So wurde auch Willi diesbezüglich immer hellhöriger, obwohl er selbst nie darunter zu leiden hatte – anders als viele Berufskolleginnen und -kollegen, die in seinen Jahren als „konventioneller" Friseur, in denen er „selbst fleißig die chemische Keule schwang", alarmierend oft mit gesundheitlichen Problemen zu kämpfen hatten. Die als „Friseur-Ekzem" zu trauriger Berühmtheit gelangten Hautirritationen vergällten so manchen weniger widerstandskräftigen Naturen die Arbeit und das Leben: Schuppige, rissige, trockene, gerötete, entzündete Haut an den Händen begann geradezu epidemische Ausmaße anzunehmen. Heute betrifft die häufigste berufsbedingte Hautkrankheit mehr als die Hälfte aller Lehrlinge bereits im ersten Lehrjahr.[8]

Anderen erging es noch weitaus schlechter: Atemnot, Druck auf der Brust und ähnliche Beschwerden beim Luftholen beileibe nicht nur, wenn stechender Ammoniakgeruch oder Haarsprayschwaden den Salon durchziehen, haben es mittlerweile auch zu einem eigenen Namen gebracht, dem „Friseur-Asthma". Der öffentliche Gesundheitsdienst von Baden-Württemberg[9] listet dazu auf: „Die konkrete Gefährdung [für die Entstehung von obstruktiven Atemwegserkrankungen]

---

[8] *Allgemeine Unfallversicherungsanstalt (AUVA), „Hautnah an der Schönheit"*

[9] *http://www.gesundheitsamt-bw.de/oegd/Gesundheitsthemen/ Arbeitsmedizin/StaatlicherGewerbearzt/Atemwegserkrankungen/ Seiten/Friseur-Asthma.aspx, abgerufen am 12.5.2015*

im Friseursalon besteht insbesondere bei folgenden Tätigkeiten: Blondieren:... Färben, Tönen:... Dauerwellen:... Finish-Arbeiten:..." Mithin bei jeder Friseurtätigkeit, die mit dem Einsatz von Chemie verbunden sein muss (Blondieren, Dauerwellen) oder damals noch weitestgehend musste (Färben, Tönen, Finish-Arbeiten).

Zu schlechter Letzt registrierte Willi immer häufiger schwere allergische Reaktionen: Juckreiz, Rötungen und Schwellungen der Haut, weitaus massiver als beim gewöhnlichen Friseur-Ekzem, für dessen Entstehung allein die permanente Entfettung der Haut beim Kontakt mit Shampoo ausreicht (gerade im ersten Lehrjahr werden Lehrlinge bevorzugt bei der Haarwäsche eingesetzt).

Willi nahm an, dass die viele, andauernd eingesetzte „Chemie" dafür verantwortlich war (mehr dazu im Kapitel *Die Säule Natur*), aber da sich auf vagen Vermutungen nichts aufbauen lässt, begann er 1992, gezielt und intensiv zu Zutaten und Wirkstoffen in Kosmetika, Haut- und Haarpflegeprodukten zu recherchieren. Er bereiste den gesamten deutschsprachigen Raum, lernte von Heilpraktikern, Therapeuten, Chemikern viel über Silikone, Paraffine, Phenylendiamine und die unzähligen anderen Inhaltsstoffe der modernen Haarkosmetikindustrie und deren zum Teil äußerst fragwürdige Wirkung auf Haut und Haar. Er erkannte, dass die Produkte der Schweden, für die er und Brunhilde Seminare abgehalten hatten, Ende der 1980er-Jahre wohl das Nonplusultra in Sachen naturnaher Kosmetik dargestellt hatten, sie seinen konkreter werdenden Ansprüchen aber bei Weitem nicht genügen würden. Schließlich verband er das Wissen mit seinen eigenen Erfahrungen ... und fasste einen Entschluss, zu dem Brunhilde, mittlerweile nach der Scheidung von Angelika in jeder Beziehung die Frau an seiner Seite, einen mit ausschlaggebenden Impuls gab: Für seinen Salon will er ein alternatives, auf natürlichen Inhaltsstoffen basierendes Pflegeangebot finden.

Wie alles, was er sich einmal in den Kopf gesetzt hat, verfolg-
te Friseurmeister Luger auch dieses neue, große Vorhaben
konsequent und kompromisslos: Eineinhalb Jahre lang son-
dierte er den Markt, doch kein Anbieter konnte seine „zugege-
benermaßen sehr hohen" Ansprüche in Sachen ökologischer
Purismus erfüllen. Damit war klar: Die Friseurkosmetik nach
Luger'schen Vorstellungen gab es nicht. „Wenn ich ein konsequent natürliches, ehrliches Naturprodukt will, dann muss
ich es selbst herstellen", machte sich Willi bewusst. „Gezwungen" sei er gewesen, selbst zum Produzenten zu werden.

Die eigene
Naturkosmetik-Linie

Es stellte sich freilich heraus, dass das wiederholte Abwinken
der diversen Anbieter von Mehr-oder-weniger-Naturkosmetik
angesichts der von Willi aufgestellten hohen Hürden nicht
von ungefähr kam: Nicht weniger als sechs namhafte Hersteller von ökologischer Kosmetik mussten klein beigeben: „nicht
zu machen". Nicht so, wie Willi es sich für seine Produktlinie
vorstellte. „Die haben", erzählt er, „praktisch gleichlautend ge-
antwortet: ‚Kein Problem, da nehmen wir ein Grundshampoo,
geben dies und jenes hinzu und haben ein tolles Kräutersham-
poo.' Ich habe gesagt, ich will kein Shampoo wie gehabt, bloß
mit Kräutern, ich will ein Naturprodukt. ‚Na, das geht nicht.'
Weil wir auf Zuckertensiden bestanden haben, dem einzigen
Tensid, das von der Erzeugung über die Verwendung bis zum
Abbau weder den Körper noch die Umwelt belastet. Warum
sie das nicht machen konnten, darauf bin ich zuerst gar nicht
gekommen: Zuckertensid hat nur zwei Arme, je einen für Fett
und für Wasser, alle anderen Tenside haben mehr Arme und
werden oft nicht nur zur Reinigung eingesetzt, sondern auch
als Emulgator."

Das ist, wie sich herausstellte, die eigentliche Kunst bei der ausschließlichen Verwendung von Zuckertensiden: das Aufrechterhalten der Emulsion. Erst nach langem Suchen fand Wilhelm Luger endlich einen Partner, der sich auf das Wagnis einließ – und nach gewissen Startschwierigkeiten auch Erfolg hatte: „Wenn ich schnell ein Shampoo gebraucht habe, kam es am Anfang vor, dass sich bei der Lieferung die Zusätze schon wieder abgesetzt hatten und oben das Wasser gestanden ist. Das Geheimnis aller wirklich guten Naturkosmetikerzeuger besteht darin, dass sie genau wissen, in welcher Reihenfolge die Zutaten reinkommen, wie lange und in welcher Geschwindigkeit man rührt, bei welcher Temperatur usw." Der Herstellungsprozess ist also ebenso wichtig wie die gewählten Zutaten: gewusst wie statt alles Chemie.

Nach einem Jahr der Tüftelei und Entwicklungsarbeit war es dann so weit: corpus, ein Shampoo auf höchstmöglichem ökologischem Standard, gleichermaßen schonend für Haar, Haut und Umwelt, ist das allererste Produkt, gedacht ausschließlich für den Einsatz im eigenen Salon. Ein vergleichsweise hochpreisiges Produkt: Die Zuckertenside darin sind teurer als der übliche Verdächtige auf dieser Position, Sodium-Laureth-Sulfat, ein großindustriell hergestellter Billigststoff. Es ist aber der Herstellungsprozess in seiner Gesamtheit, der die Kosten für das Produkt ausmacht: die Notwendigkeit, immer wieder sehr kleine Chargen frisch zu produzieren; die hohe ökologische Qualität sämtlicher Inhaltsstoffe; die damals sehr aufwendige Verpackung (die ersten Chargen wurden in Glas- und Keramik-Bügelflaschen abgefüllt); der große Entwicklungsaufwand für, im industriellen Maßstab gesehen, verschwindend kleine Produktmengen.

Hätte Willi auch noch seine Arbeitszeit in die Kalkulation einfließen lassen, corpus wäre wohl mit Gold aufzuwiegen gewesen: Im Keller seines Hauses gießt er, im Oktober 1995, das High-End-Öko-Haut- und Haarwäscheprodukt von Hand in 200- und 500-ml-Behältnisse. Er und Brunhilde machen das vor und/oder nach, auf jeden Fall zusätzlich zur Arbeit im Ernstbrunner Salon.

Die Anfänge waren ganz normal, also schwierig: Bei der offiziellen Markteinführung 1996 war CULUMNATURA eine winzig kleine, gerade eben gegründete Firma ohne nennenswerten Markenwert. Die drei Erzeugnisse für die Haar- und Hautwäsche, corpus, clarus und terra, rochen ungewohnt, schäumten wenig oder im Fall des tensidfreien terra gar nicht und hatten nicht selten schlaffes, glanzloses und strohiges Haar zur Folge: Nach wer weiß wie vielen Jahren, in denen dem menschlichen Kopfschmuck mit Glanz-Struktur-Fülle-Chemieshampoos künstliche Schein-Vitalität eingehaucht worden war, dienten die ersten Haarwäschen der sukzessiven Entfernung von Silikonresten, Glatt- und Weichmacherspuren, Feuchthaltemittelrückständen und dergleichen mehr. Bis das derart auf chemische Nulldiät gesetzte Haar von der Abhängigkeit befreit war und seine eigene Spannkraft und seine ureigene Schönheit wiedererlangte, konnten im schlimmsten Fall mehrere Wochen vergehen. Besonders gewöhnungsbedürftig für die Kundinnen und Kunden war wohl die Vorstellung, sich quasi mit Erde abzureiben (terra reinigt ausschließlich auf physikalischem Weg mit Ghassoul, der Waschoder Lavaerde).

Die Markteinführung der Produkte erforderte mithin besonders viel Überzeugungsarbeit und einen langen Atem. Dies in einem noch dazu wenig aufnahmebereiten Umfeld: Das ökologische Bewusstsein erlebte Mitte der Neunzigerjahre sein erstes zaghaftes Erwachen und war nicht selten Spott und Hohn seitens der konventionellen, marktbeherrschenden Anbieter ausgesetzt. Als „Birkenstockträger" und „Müesli-Men" bzw. „Öko-Tanten" standen die Umweltbewegten im Ruf, tendenziell müffelige Spaßbremsen zu sein. Naturkosmetik erhielt in den Kategorien Sexyness, Lebenslust und Fun zunächst einmal null Punkte und war zu allem Überfluss auch noch preislich sehr weit oben angesiedelt.

Erschwerend kam hinzu, dass man, wenn überhaupt, in Sachen Öko fast nur mit Lebensmitteln etwas erreichen könnte; die erste Biomarke Österreichs, Ja! Natürlich, war 1994 ins Leben gerufen worden und funktionierte vom Start weg gut – weil „des Zeug einfach besser schmeckt", wie das Karl Wlaschek, der Billa-Gründer, einmal erfrischend unprätentiös erklärte. Sachen zum Einschmieren, Anziehen oder gar Bewohnen waren den Menschen jedoch ganz buchstäblich zunehmend fern, und damit wurde es immer schwieriger, ihnen deren Nutzen nahezubringen. Für Willis „exotische Sachen" sprach zunächst fast ausschließlich Willi selbst: Er blickte in den ersten Monaten seines Unternehmerdaseins bereits auf mehrere intensive Jahre zurück, in denen er sich fortgebildet, seine Produkt-, Berufs- und Lebensphilosophie zu einer Firma gemacht hatte. Nun fuhr er unermüdlich zu jedem einzelnen potenziellen Kunden persönlich hin, präsentierte seine Produkte, erklärte und argumentierte: das Ende des Problems Friseur-Ekzem, das große ökologische Ganze, die einzigartige, haut- und umweltschonende Rezeptur, die Bedeutung der Vermeidung all der chemischen Inhaltsstoffe herkömmlicher Shampoos ... Mit für manche vielleicht schon ans Missionarische grenzender Ernsthaftigkeit brachte der Friseurmeister sein Anliegen vor, für das er brannte, vermittelte seine profunden und fundierten Überzeugungen seinen Zuhörerinnen und Zuhörern. Zumal das sein Hauptanliegen war und ist: „Mir geht es nicht unbedingt um den Verkauf, sondern darum, das Wissen weiterzugeben. Wir könnten locker den fünffachen Umsatz machen, aber was soll's. Ich kann eh nur mit einem Löffel essen." Dass das keineswegs nur so dahingesagt ist, Marke „moral high ground", weil superökologisch und auf den Fachbereich beschränkt allein noch lange nicht genügt, beweist der faszinierende Umstand, dass Willi sich der scheinbar naturgesetzlichen Marktlogik vom Preis in Abhängigkeit von Angebot und Nachfrage entzog – und dies bis heute so handhabt: Es gibt keine Rabatte für die Abnahme größerer Mengen. Der Stückpreis eines Produktes wird, unabhängig von der Bestellmenge, einfach multipliziert.

Das Bezahlmodell: Fairness oder Selbstschädigung?

Ja, Sie haben richtig gelesen: Ob Sie bei dem Ernstbrunner Naturkosmetikhersteller ein Stück eines Produktes kaufen oder tausend Drogeriemarktkettenregale befüllen wollen – der Stückpreis bleibt immer derselbe.

Die erste Reaktion darauf ist in der Regel Unverständnis, Kopfschütteln – und gerade in der ersten Zeit, als Willi jeden – damals noch – Schilling am dringendsten gebraucht hätte, war diese erste Reaktion nicht selten auch die letzte.

„Ich war da in Stuttgart", gibt Willi eine bezeichnende Anekdote zum Besten, „zwei Stunden im Büro vom Chef, der war hochinteressiert und total angetan. Und am Ende fragt er dann: ‚Und, wie sieht es aus mit dem Preis?' Ich: ‚Da sehen S' ja eh die Preisliste.' ‚Aber ich hab 24 Mitarbeiter und mach soundso viel Umsatz, und Ihre Produkte werden dann ja auch entsprechend präsentiert ...' Und das war wirklich ein Topsalon, der beste, den ich jemals gesehen hatte, auf drei Etagen. ‚Alles recht und schön', hab ich gesagt, ‚nur ich mach das nicht. Bei mir zahlt jeder denselben Preis.'

‚Na, das gibt's nicht, das gibt's nirgends.' ‚Das kann schon sein, aber bei mir ist es so.' ‚Dann sind Sie kein Geschäftsmann, das kann nicht sein!' ‚Dann bin ich kein Geschäftsmann.' ‚Na, dann nehm' ich nichts!' ‚Dann nehmen Sie nichts.' Und damals ist jeden Monat der Exekutor[10] vor der Tür gestanden. Aber ich hab das durchgezogen, hab mir gesagt: Nein, das fange ich mir gar nicht erst an. Ich bin dann gegangen, der konnte nicht einmal auf Wiedersehen sagen. Ich seh' den heut' noch, wie er mit offenem Mund am Türstock lehnt und mir nachsieht. Der konnte das nicht glauben.

[10] ein im Österreichischen noch allgemein gebräuchliches Synonym für Gerichtsvollzieher

Gott sei Dank, kann ich heute sagen, habe ich das durchgehalten, denn sonst werden einem ja nur ständig die Daumenschrauben angezogen."

Das Anziehen besagter Daumenschrauben hat Willi bei
einem Kunden seines Frisiersalons miterlebt, der seinen
Betrieb von einer lokalen, kleinen Fleischerei zu einem Lie-
feranten der größten heimischen Supermarktketten hochge-
bracht hatte. „Er hat bei mir immer sein Herz ausgeschüttet
über die ständig neuen Auflagen, die ihm das Firmenleben
schwermachten, und die Geschäftspraktiken der Großen. ‚Da
gehst rein', hat er erzählt, ‚der sagt nicht Grüß Gott oder sonst
was, der fragt nur: Wollen S' mehr oder weniger verkaufen?
Na, was wohl, bei 15 Millionen Schilling Schulden, und hinter
mir wartet schon der Nächste? Und dann werden dir die Bedingungen diktiert: Noch einmal drei Prozent am Jahresende,
eine neue Verpackung ... Wenn die ein Fleischangebot haben,
dann zahle das ich. Die sagen, wir haben jetzt eine Aktion, da
brauchen wir diesen und jenen Preis, Schluss, aus. Vollkommen wurscht", wie ich das auftreib.' Mittlerweile ist er längst
in Konkurs, ihm gehört nichts mehr, der fährt jetzt mit dem
Auto für die ehemalige Konkurrenz."

„Die ersten sieben Jahre", fährt der Friseurmeister fort, „waren
extrem. Ich hab damals alles neben der Arbeit gemacht, musste
aber noch zu jedem extra hinfahren und alles erklären. Da
greift ja niemand sofort zu, bei einer so kleinen Firma, die es
gerade mal ein halbes Jahr gibt, und so exotischen Sachen,
als die die damals noch galten. Ich war viel unterwegs und
wenig im Geschäft, das folgerichtig auch zurückgegangen ist.
Ein Kredit aufs Haus war auch noch zurückzuzahlen, es stand
wirklich auf Messers Schneide. Und trotzdem, und darauf bin
ich wirklich stolz, habe ich das durchgehalten, dass jeder denselben Preis bekommt, egal ob allein oder mit 50 Mitarbeitern."

Wer Willi kennt, weiß: Wenn jemand wie er, der so auffällig
wenig Aufhebens um seine Errungenschaften macht, auf et-

was „wirklich stolz" ist, steckt da ein echter Kraftakt dahinter. Mit den sieben mageren Jahren zu beginnen erfordert eine besondere Art von Durchhaltevermögen, weil es mit dem Aussitzen einer finanziellen Durststrecke allein ja noch lange nicht getan ist. Dauernde Geldsorgen schlagen aufs Gemüt, was wiederum mit persönlichen unerwünschten Nebenwirkungen verbunden sein kann. Im Fall von Willi und seiner Firmengründungs-Lebensgefährtin manifestierten sich diese im Scheitern ihrer Verbindung: Nach zwölf Jahren verließ ihn Brunhilde, ohne die es nach Willis Überzeugung CULUM-NATURA nie gegeben hätte, und kehrte wieder nach Deutschland zurück.

Was trieb den Luger an, sich derart das geschäftliche wie persönliche Leben schwerzumachen? „Mir geht es um die Fairness", stellt Willi klar. Diese sieht er erst dann erfüllt, wenn geachtete, weil handwerklich hervorragende, gut informierte und deshalb gut beratende Haarschmücker/-innen und -pfleger/-innen einen gerechten Preis für ihre Arbeit bekommen. Auf dass sie am Ende des Tages nicht dem Burnout einen Schritt näher gekommen sind, sondern das Gefühl haben, ihren Kenntnissen und Fähigkeiten entsprechend angemessen entlohnt worden zu sein – und auch noch Zeit und Muße übrig haben, sich weiter in die Materie zu vertiefen oder auch einmal etwas ganz anderes abseits von Arbeit und Gelderwerb zu machen. Fairness im umfassenden Luger'schen Sinn ist erreicht, wenn die Arbeit nicht krank macht – die Ausführenden nicht, die Kunden und Kundinnen nicht und auch den Planeten nicht –, sondern im Gegenteil einen Beitrag zur Gesundung leistet. Wenn die Friseure nicht länger als Handlanger der Kosmetikindustrie ausgenutzt werden; in aller Regel profitieren sie nämlich gar nicht davon, dass sie mit der Verwendung von Markenprodukten ebenso gezielt wie unfreiwillig für bestimmte Produkte Werbung machen. Wenn also, zusammenfassend und ganz allgemein gesagt, die sozialen, wirtschaftlichen und ökologischen Rahmenbedingungen wieder stimmen. Für die Friseure. Aber im Prinzip für alle.

Die Größe der Aufgabe, die Willi zu der seinen gemacht hatte, war ihm wohl nicht bewusst. Klar war ihm aber mit Sicherheit, dass er nicht mehr in den Spiegel sehen könnte, wenn er nicht alles in seiner Macht Stehende versucht hätte, seinen Beitrag zur Verbesserung der Lage zu leisten. Der zentrale Stellenwert, den Arbeit, Arbeit, Arbeit in seiner Kindheit und Jugend eingenommen hatte und der sich eins zu eins in Willis eigener Einstellung als Erwachsener wiederfand, kam ihm jetzt gleich mehrfach zugute: in Form von enormer Leistungsbereitschaft, großem Durchhaltevermögen und insbesondere Durchhaltewillen.

Unorthodox, Teil 3: Wissensvermittlung

„Aufrechte Entschlossenheit" – eine Deutungsmöglichkeit des Namens Wilhelm[12] – hielt sich also auf seinem einmal eingeschlagenen Weg. Zu dem von den Tagen des allerersten Produktes an immer auch die Vermittlung von Hintergrundwissen gehörte, mit einem Blick auf den ganzen Menschen, nicht nur auf seine Haare. Die Weitergabe von Wissen hatte und hat bei ihm stets Vorrang vor Verkaufszahlen, und so konnten ihn auch kleinere logistische Widrigkeiten nicht davon abhalten, seine Seminare für seine Berufskolleginnen und -kollegen durchzuführen. Auch wenn das bedeutete, für die Vorträge in den Keller (des Vereins Öko-Forum) oder das Hinterzimmer eines vegetarischen Lokals gehen zu müssen – oder die wissbegierigen Kolleginnen und Kollegen in seinem eigenen Wohnzimmer mit Informationen zu versorgen.

Willi wäre nicht Willi, hätte er nicht auch für seine Seminare ganz andere Vorstellungen gehabt, als es dem bestehenden

[12] *„Der Name entstammt dem Althochdeutschen und lässt sich von willio (Wille, Entschlossenheit) und helm (Helm, Schutz) oder halm (Halm, aufrecht) herleiten."* https://de.wikipedia.org/wiki/Wilhelm; abg. am 18.11.2015

Angebot entsprach: reinen Verkaufsveranstaltungen ohne wirkliche Erklärungen der präsentierten Produkte. „Ich war bei einem sogenannten Dauerwelle-Seminar, bei dem ein Produkt präsentiert wurde: Ohne das kannst du nicht mehr existieren, die Leute fragen danach und bla, bla, bla. Ich hatte da schon ein gewisses Hintergrundwissen und habe mich erkundigt: Er möge mir doch erklären, was an dem Produkt so toll sei. ‚Ja, da sind ganz tolle Wirkstoffe drinnen.' Welche Wirkstoffe? ‚Betriebsgeheimnis ...' Wie soll das sein, das kann nur für den Endverbraucher ein Geheimnis sein, weil jeder Betrieb doch über ein Labor verfügt und das Produkt analysieren kann. ‚Na, ja, Proteine sind da drin.' Das glaub ich Ihnen, nur: Seit der Erfindung der Kaltdauerwelle wird Thioglykolsäure[13] benötigt, die mit dem Keratin interagiert. Sie löst die Schwefelbrücken, wodurch eine Dauerwelle überhaupt erst zu machen ist. Die Fasern in den Haaren werden über den Wicklern verschoben und dann an anderen Punkten fixiert – dadurch die Dauerwellung. Die Thioglykolsäure löst die Proteine auf, auch die, die eventuell in der Flasche sind. Die können demnach nur unmittelbar vor der Anwendung hinzugefügt oder überhaupt eigens auf die Haare gesprüht werden, aber nicht monatelang in der Flasche sein, in welchem Fall sie keinerlei Wirkung mehr hätten. ‚Ja, da sind ja noch ganz andere Wirkstoffe drinnen.' Ja, dann rücken Sie schon damit heraus, von welchen Stoffen die Rede ist. Er war nicht in der Lage, das zu beantworten. Er konnte drei Tage über das Produkt reden – ohne zu wissen, was drinnen ist. Und so werden die Seminare üblicherweise alle abgehalten."

Nach Willis Meinung sollte so etwas ganz anders laufen und tat und tut es auch: Zwar gibt es auch zwei produktbezogene Seminare, weil der teils besondere Umgang mit den Natur-

<hr>

[13] http://de.wikipedia.org/wiki/Mercaptoessigsäure
„Thioglycolsäure ... wird seit etwa 1940 in Enthaarungsmitteln und in Friseurprodukten für Dauerwellen benutzt."

kosmetika, speziell was das Haarefärben betrifft, einfach erklärt werden muss. In der großen Mehrheit der Seminare wird
aber tatsächlich „produktneutrales", wie Willi immer wieder
betont, ganzheitliches Hintergrundwissen vermittelt, über
die Eigenschaften und Bedürfnisse von Haut und Haar, die
Bedeutung der Ernährung, es gibt Beratungstrainings, ein
eigenes Modul „Bewusst(er) leben"… Näheres dazu erfahren
Sie im Kapitel *Die Säule Wissen*.

Dass hier dem üblichen, auf Äußerlichkeiten konzentrierten
Geschehen in der Friseurbranche ein auf Tiefgang ausgeleg-
tes, ernsthaft ökologisches Modell entgegengesetzt wird, ist
weit mehr als Teil einer Marketingstrategie: Es entspricht zu-
tiefst dem Wesen von Willi Luger, der mit dem weitverbreite-
ten Showgehabe der Hairstylistengemeinde nie etwas anfangen konnte (genau: „Interessiert mich nicht."). Ja, mehr als das:
das Schaulaufen der Staats-, Welt- und Europameister bei den
Haarschneide- und Produktseminaren, deren Großspurigkeit
nicht zuletzt ihm als „Dorffriseur" gegenüber, der wachsende Konsumismus der ganzen Branche, die Vereinnahmung
durch die Big Player zum Schaden kleiner Salonbetreiber/-in-
nen, das sinkende Ansehen eines als unbezahlter Werbeträger
gekaperten, zum Haarkürzungs-Dienstleister verkommenen
Berufsstandes, die miserablen Verdienstaussichten fast aller
mit Ausnahme einiger weniger Stars… All das wirkte für Willi
Luger mehr noch als ökologische und gesundheitliche Bedenken und Argumente als erster Impuls zusammen, aufzuste-
hen und der permanenten Show etwas entgegenzusetzen. Es
sollte das Bild wieder nach seiner Vorstellung geraderücken:
der Friseur als handwerklich versierter, gut ausgebildeter und
informierter Fachmann. Als solcher gelangt man, jedenfalls
sofern man zumindest ein wenig wie Willi Luger denkt, quasi
zwangsläufig zu einer notwendigen, konsequenten Ökolo-
gisierung: Es kann ja nicht sein, dass eine ganze Branche, ob
fahrlässig ignorant oder gar vorsätzlich, Ausübende, Kundschaft und die Umwelt als Ganzes schädigt. (Würde man
meinen. Traurige Tatsache ist freilich, dass genau das insbe-

sondere in den 1970er- und 1980er-Jahren allerorten geschah, von der Massentierhaltung bis zur Agrarindustrie, und immer noch überall geschieht, wo die fundamentalen Übel Gier und Profitstreben die wichtigsten, wenn nicht einzigen Motivatoren sind. Umwelttechnisch wurde in der hochindustrialisierten Welt enorm viel verbessert, weil sich aber an der grundlegenden Einstellung – von glücklicherweise langsam häufiger werdenden Ausnahmen à la CULUMNATURA, GEA, Sonnentor ... abgesehen – nichts geändert hat, haben sich die Probleme großteils lediglich ein wenig verändert bzw. wurden sie in andere Weltgegenden ausgelagert. Statt Waldsterben[14] und saurer Regen bestimmen Klimawandel, Abholzung und Verlust der Biodiversität die Schlagzeilen, und die größten Umweltverbrechen werden nicht mehr vor der eigenen Haustür, sondern in China, Brasilien und auf Borneo etc. begangen.)

[14] *Statt vom Waldsterben spricht man heute von „neuartigen Waldschäden". Tatsächlich stirbt der Wald in der D-A-CH-Region ja nicht, die Waldfläche nimmt sogar zu; allerdings betrug 2012 in Deutschland „der Anteil der nicht geschädigten Bäume 39 %", was immerhin zwei Prozent mehr als im Jahr davor waren. Wikipedia, Stichworte Waldsterben, Waldfläche, Waldzustandsbericht, abg. am 19.11.2015*

Man könnte, etwas pathetisch, Willis Antrieb in einem einfachen Satz zusammenfassen: Er versucht das Richtige zu tun und übernimmt Verantwortung für sein Handeln. Wenn rücksichtslose Profitgier die Wurzel allen Übels ist, ist es richtig, den Fokus von der Geldbeschaffung auf die Mehrung von Werten im Sinne des Gemeinwohls zu verlagern (davon wird im Kapitel *Die Säule Wirtschaft* noch mehr zu lesen sein). Wenn Wirtschaften im alten Stil gesundheits- und umweltschädigend ist, ist es richtig, gesundheitsförderliche und umweltverträgliche Alternativen zu erarbeiten. Wenn es den Menschen an Wissen fehlt, um selbstbestimmt verantwortlich handeln zu können, muss es ihnen vermittelt werden.

Die Übernahme von Verantwortung und das Bestreben, seine Sache ordentlich zu machen, wirkten und wirken sich bei Willis Firma auf allen Ebenen aus. Bei seinen Seminaren achtet der Chef z.B. stets darauf, dass alle seine Referentinnen und Referenten auf ihrem jeweiligen Spezialgebiet versiert sind, anstatt bloße Verkaufsprofis zu Wort kommen zu lassen. Damit bleibt er nicht zuletzt sich selbst treu, dem ersten Sprecher für seine Ideen: „Mein Vorteil, ohne den ich wahrscheinlich nie auf den Markt hätte kommen können, ist, dass ich vom Fach bin und mir zumindest einbilde, Bescheid zu wissen." Ein Fach, zu dem er sich, im Unterschied zu so manchem Berufskollegen, gerne bekennt: „Wenn mich jemand fragt, was ich bin, sage ich: Friseur. Das ist auch mein Vorteil, wenn ich z. B. in der Berufsschule einen Vortrag halte: Ich sage immer, ich bin Friseur, so wie ihr es vorhabt zu werden. Und nicht: Ich bin Firmengründer und weiß Gott wie wichtig, das interessiert doch keinen. Ich bin Friseur, Schluss, aus, dadurch habe ich einen fachbezogenen Zugang und begegne den Menschen auf Augenhöhe. Die Fragen und meine Antworten sind ganz anders, weil ich nicht auf der Verkaufsschiene dahergekommen bin, sondern aus der Branche."

Es geht aufwärts

Getreu dem weisen Wort „Ich weiß, dass ich nichts weiß" wird Willi bei den unzähligen Kontakten mit Berufskolleginnen und -kollegen zwar einerseits klar, wie eklatant die Informationsmängel in seiner Branche sind – aber andererseits auch, wie viel es für ihn selbst noch zu lernen gibt. 1998, ein Jahr nachdem er begonnen hatte, seine Produkte auch nach Deutschland zu exportieren, fängt er an, die Kosmetik-Zutatenliste von A–Z zu recherchieren: Vielleicht noch unter dem Eindruck der ersten Jahrestagung seines Unternehmens und den dabei aufgekommenen Fragen vertieft er sich monate- und nächtelang in Verzeichnisse und Datenbanken, vergleicht Bewertungen, legt Kriterien fest, spricht mit Fachleuten... 1999 präsentiert er dann die erste Auflage seiner Kosmetik-Zutatenliste, in der 1.600 Stoffe angeführt sind und nach ökologischen Maßstäben bewertet werden. (Mittlerweile sind es 9.500.) Im selben Jahr wird der Verkauf auf die Schweiz ausgeweitet, und das Jahr 2000 markiert einen weiteren wichtigen Meilenstein: den Beginn der Seminartätigkeit in Deutschland.

Noch immer ist die Firma winzig, noch immer finden Abfüllung und Vertrieb im eigenen Haus statt, mittlerweile haben sich aber die Dinge stabilisiert und laufen, wenn auch im kleinen Stil, auf verlässliche Weise rund. Das ermöglicht dem Friseur und Firmengründer, seiner zweiten großen Leidenschaft nachzugehen, dem Arbeiten mit Holz: Gemeinsam mit einem Tischler seines Vertrauens designt und entwickelt er die Waschliege mit integrierter Langhaarrutsche (2001) und legt im Jahr darauf das Design für eine besondere Bürste nach, mit spezieller ergonomischer Formung und handverlesenen Schweinsborsten. Die Bürsten werden mit sehr viel Handarbeit aus verschiedenen einheimischen Hölzern gefertigt und sind ein bemerkenswertes (und patentrechtlich geschütztes) Produkt: In ihnen verbinden sich Fachwissen rund um Haut und Haar, ein ausgeprägter Sinn für die Ästhetik des Natürlichen, Liebe zum Holz als Werkstoff und Geschick in Sachen Produkt- und Verpackungsdesign – sowie nicht zuletzt ein guter Riecher fürs Geschäft. Heute werden von der Bürste pro Jahr rund 4.000 Stück abgesetzt, Tendenz steigend. Was im Sinne der stets im Auge behaltenen Fairness auch gleich wieder Menschen zugutekommt, die es weniger gut haben: Für das Zusammenstellen der Verkaufseinheiten – man erhält die Bürste verpackt im chic designten Holzkistchen, inklusive Bürstenreiniger, Pflegemittel (Wachs und Tuch zum Auftragen) sowie einer Anleitungsbroschüre „Täglich 100 Bürstenstriche" – hat sich mit der Werkstätte Pfiffikus der Behindertenhilfe Bezirk Korneuburg eine sehr schöne Zusammenarbeit entwickelt.

So weit ist es 2002 aber noch lange nicht; immerhin beschäftigt der Betrieb 2004 eine Vollzeit- und zwei Teilzeitarbeitskräfte, und endlich ist es auch unerlässlich, Abfüllung und Vertrieb auszulagern: Während Firmensitz und Büro im eigenen Haus in Ernstbrunn verbleiben, übersiedelt alles andere nach Stockerau.

Nach den bewegten Anfangsjahren mit ständigen Veränderungen, immer neuen Erkenntnissen und der Komplettierung der Produktpalette folgte nun eine Phase relativer Ruhe. Spätestens mit der Markteinführung der Bürste waren alle Grundlagen mehr als ausreichend geschaffen. Nun galt es in erster Linie, das Unternehmen auf eine solide finanzielle Basis zu stellen, was dank kontinuierlicher Umsatzsteigerungen in den folgenden Jahren auch gelang.

Natürlich musste man dafür ein wenig die Werbetrommel rühren, aber wenig überraschend ging Willi auch in dieser Hinsicht seinen eigenen Weg. In klassische Werbung hat er nie groß investiert, sondern mit der Verbreitung eines Journals und dem gelegentlichen Streuen von kritischen Beiträgen auf Aufklärung und natürliches Wachstum durch Empfehlung gesetzt. Das hatte – „die ersten sieben Jahre waren extrem" – sein gerüttelt Maß an Zeit und Durchhaltevermögen benötigt, machte sich nun aber mehr und mehr bezahlt.

Willis rastlos-kreativer Geist konnte allerdings auf längere Sicht mit nichts als sich verändernden Zahlen nicht glücklich werden, es drängte ihn nach wenigen Jahren schon wieder mächtig dazu, neue Horizonte zu ergründen. Da Willi und seine Firma nicht voneinander zu trennen sind, spiegelte sich der erneut erwachte Pioniergeist auch in seinem Privatleben wider. 2004 bewarb sich die Gesundheitsberaterin Astrid Holzhauer im Rahmen einer Tagung bei ihm. Sie begegnete zunächst dem Skeptiker, wie sie erzählt: „Ich habe ihn als sehr distanziert kennengelernt, er war erst einmal total prüfend: Was ist das jetzt für eine, die Referentin bei mir werden möchte?" Das sollte sich rasch ändern: „Nachdem ich meinen Vortrag gehalten hatte, war er total offen, ist auf mich zugekommen, hat sich bedankt und mir gratuliert und gesagt: Er möchte gerne, dass ich Referentin werde."

„Von da an haben wir häufig telefoniert und ich hab gemerkt, dass er mir Dinge erzählt, von denen ich nicht gedacht hätte, dass er sie mir anvertrauen würde." Zwei Jahre lang kamen die beiden einander vorsichtig näher, echte Begegnungen fanden nur strikt professionell im Rahmen von Seminaren statt. Dann ergab es sich, dass Astrid Willi die Augen über ein Personalproblem im Referentinnenteam öffnete und auch zu einer konstruktiven Lösung aktiv beitrug. Die beiden wuchsen mehr und mehr zusammen, „und irgendwann hat's dann Zoom gemacht", findet Astrid eine knackige Beschreibung für jenes unfassbare Geschehen, das die Menschheit seit Anbeginn aller Zeiten umtreibt: das Entstehen des Mysteriums Liebe. Woraufhin es ziemlich rasch weiterging: „Vier Wochen später war ich hier."

Am 1. November 2006 zieht Astrid bei Willi ein: „An diesem Tag war es furchtbar, alles grau in grau, es hat geregnet, es war kalt. Und ich hab gedacht: Oh Gott, ist das jetzt wirklich die Entscheidung? Dafür habe ich meine wunderschöne Fachwerkstatt in Nordhessen, mein Fachwerkhäuschen und mein ganzes soziales Umfeld aufgegeben?" Doch nachdem Willi sie seinen engsten Mitarbeiterinnen ausführlich als seine neue Lebensgefährtin vorgestellt hatte („Astrid kennt ihr ja, die wohnt jetzt hier."), entstanden bald auch außerhalb der Beziehung neue persönliche Bindungen, zumal beide in jeder Hinsicht an einem Strang zogen – eine unerlässliche Bedingung, wenn eine Partnerschaft mit Willi funktionieren soll. „Ich hab dann erst wirklich gemerkt, wie viel Willi arbeitet", erzählt Astrid von den ersten Wochen in Ernstbrunn. „Dass eigentlich sein Tag aus Firmenangelegenheiten besteht. Ich war auch zehn Jahre selbstständig und kenne das, aber bei ihm war es extrem. Er ist einfach CULUMNATURA, Willi ist die Philosophie, das kann man nicht trennen. Und das kann man auch in unserem Privatleben nicht trennen."

Zum Glück für die beiden war das auch ganz und gar nicht nötig: Astrid blieb Referentin, wurde stellvertretende Geschäftsführerin und in jeder Beziehung der wichtigste Mensch in Willis Leben. (Chronologischer Vorgriff: 2015 wurde dieser Umstand dann ganz offiziell festgeschrieben, in Form der ersten Ernstbrunner Barfuß-Trauung im Garten der Lugers. Astrid nahm den Namen ihres Mannes an.) 2008 erreichten die beiden gemeinsam den nächsten beruflich-privaten Meilenstein – die Eröffnung des nagelneuen „Heartquarters" in der E-Werk-Gasse in Ernstbrunn bedeutete nicht nur den Beginn einer neuen Ära für den Betrieb, sondern auch, dass das Wohnhaus der beiden nun wirklich nichts mehr anderes war als das: ein Eigenheim, ein von Willi in unzähligen Stunden liebevoll restaurierter Rückzugsort samt großem Grund.

Mit zwölf Mitarbeiterinnen und Mitarbeitern in der E-Werk-Gasse war Willi zu einem der wichtigsten lokalen Arbeitgeber aufgestiegen und es sah so aus, als könne man sich endlich einmal ein wenig zurücklehnen und mit dem Einfahren der Ernte beginnen. Doch offenbar hatte das Unternehmen eine unsichtbare Schwelle überschritten: In der Außenwahrnehmung waren die Ernstbrunner vom Mitbewerb lange ignoriert und eine Weile bespöttelt oder als ökoradikal versuchsweise verunglimpft worden. 2008 aber nutzte die Großindustrie einen PR-Fehler, um die Zähne zu zeigen.

Geschehen war Folgendes: In der Ausgabe Nr. 28 der Firmenzeitschrift *CULUMNATURA-Info* zum Thema Phenylendiamin[15] stand zu lesen, die Substanz sei „nachweislich krebserregend". Eine unzulässige Behauptung, weil eine entscheidende Einschränkung fehlte: Denn dieser Nachweis[16] ist lediglich „im Tierversuch" erbracht worden, deshalb könnte auf Unterlassung geklagt werden. „Ich bekam vom Industriellenverband Deutschland ein Schreiben", erzählt Willi, „demzufolge durch diese Aussage der Kosmetikindustrie ein Schaden von 150 Millionen Euro entstanden sei." Er wurde vor die Wahl gestellt, 150.000,– Euro Strafe zu zahlen oder sich durch seine Unter-

[15] *das meistverwendete Schwarz in oxidativen (permanenten) Haarfarben oder auch sogenannten Black-Henna-Tattoos, (viel) mehr dazu im Kapitel Die Säule Natur*

[16] *Grenzwerteverordnung 2011; Phenylendiamine gehören zu „A2 Stoffe, die sich bislang nur im Tierversuch als krebserzeugend erwiesen haben, und zwar unter Bedingungen, die der möglichen Exponierung des Menschen am Arbeitsplatz vergleichbar sind bzw. aus denen Vergleichbarkeit abgeleitet werden kann."*

schrift zu verpflichten, diese Aussage nicht mehr zu tätigen bzw. zurückzunehmen. Getreu der Devise „live to fight another day" („überlebe, um weiterkämpfen zu können") wählte man Option zwei, stampfte den Großteil der Auflage von 180.000 Exemplaren des Infoblatts ein und berappte die „Bearbeitungsgebühr" in Höhe von EUR 1.600,–.

Die gute Nachricht: Man wurde definitiv ernst genommen. Ansonsten wurde es nicht einfacher: Nicht juristisch geprüfte Texte verlassen die Firma grundsätzlich nicht mehr, weil der großindustrielle Mitbewerb sich jedes öffentlich geäußerte Wort des widerspenstigen Davids genauestens ansieht.

Einfach hat es sich Willi aber ohnedies nie gemacht und sein Schiff schon bei so manchem scharfem Wind auf Kurs gehalten. Er hat einige mächtige Verbündete an seiner Seite: Moral, Ethik, soziale Verantwortung, Ökologie. Die Menschen an seiner Seite. Und natürlich seine Friseur/-innen und sonstigen Fachkundigen, die sich der Naturkosmetik verschrieben haben, und deren Kunden, die seiner Firma gemeinsam mit der gesamten Naturfriseur-Branche Wachstumsraten bescheren, von denen man hierzulande üblicherweise nur träumen kann. Zudem handelt es sich bei diesem Wachstum um etwas Organisches; soll heißen, es wurde nicht künstlich, mit eifrig gerührter Werbetrommel angeregt, sondern ist gewissermaßen „biologisch-dynamisch".

Inhaltlich hat Willi bereits viel bewegt: Naturkosmetik ist voll im Trend, ganz ohne Grün geht fast gar nichts mehr. Das ist einerseits eine positive Entwicklung, wirft aber andererseits neue Fragen auf: Was genau ist eigentlich Naturkosmetik? Welche Produkte auf dem Markt sind echte Naturkosmetik, welche zum Teil, welche legen sich nur das berüchtigte grüne Mäntelchen um die Schultern? Wie steht es wirklich um das Gefährdungspotenzial diverser hinterfragenswerter Kosmetik-Inhaltsstoffe? Das nächste Kapitel soll ein wenig Licht auf diese Thematik werfen: *Die Säule Natur.*

3. Kapitel:

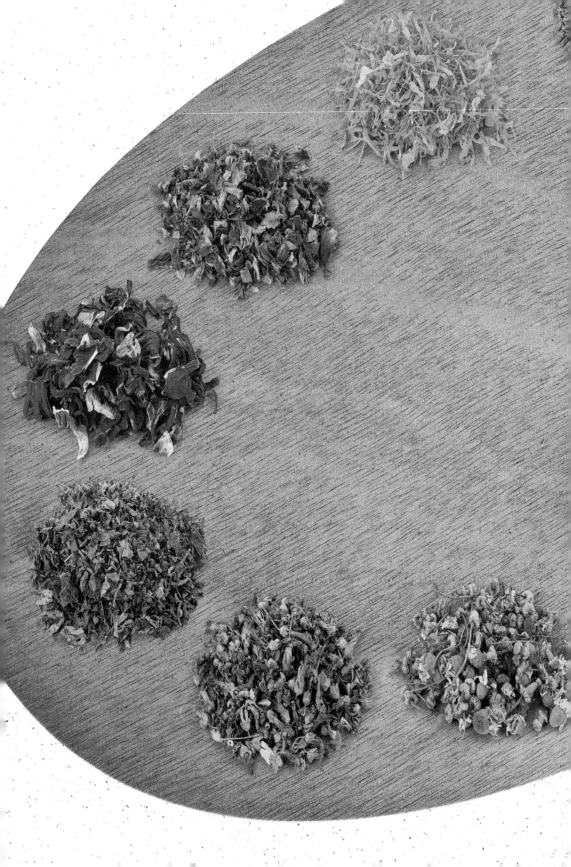

Nachdem Willi damit begonnen hatte, sich mit gesund-heits- und umweltrelevantem Hintergrundwissen in Sachen Kosmetika zu versorgen, wurde die Sache rasch persönlich: „Brunhilde und ich konnten uns die Zähne nicht mehr putzen, nachdem uns klargeworden war, was in dem Produkt, das wir damals verwendeten, alles drin gewesen ist." Für die dringliche Suche nach Alternativen war dies sicherlich ein wirksamer Motivator... wie auch für die Schärfung des Bewusstseins für das größere Problem, die Gesundheitsbelastung durch Chemiekosmetik, die speziell in der Friseurbranche augenfällig war: 0,7 Prozent der Berufstätigen sind in der Friseurbranche tätig, aber 26 Prozent der berufsbedingten Hauterkrankungen in Österreich entfallen auf diese Berufsgruppe. Das sogenannte Friseur-Ekzem betrifft sage und schreibe 55 Prozent der Lehrlinge im ersten Lehrjahr.[7] Noch gravierender ist ein Atemwegs-Syndrom, das ebenfalls so branchentypisch ist, dass es eine einschlägige Bezeichnung erhielt: Friseur-Asthma.

[7] Allgemeine Unfallversiche-rungsanstalt (AUVA), „Haut-nah an der Schönheit"

Auch wenn Willi persönlich sowohl vom Friseur-Ekzem als auch vom Friseur-Asthma verschont blieb, steckte er seine gesamte Kraft in die Entwicklung einer Kosmetikserie für den Fachbereich: eine Frage des Prinzips. Womit nicht nur eine Erfolgsgeschichte ihren Anfang nahm, sondern auch ein langer, steiniger Weg, gepflastert mit gesundheitsschädlichen Inhaltsstoffen, bürokratischen Hürden, Gebirgen aus Vorschriften, Verordnungen und Regulativen, Konsumentenerwartungen, Verbraucherschutzinteressen...

All diese Problembereiche detailliert zu erläutern, alle Zusammenhänge umfassend offenzulegen und in einer leicht verständlichen Ordnung vorliegen zu haben, wäre sicherlich sehr wünschenswert, würde aber den Rahmen dieses Buches bei Weitem sprengen. Es gibt speziell inhaltsstoffbezogen empfehlenswerte Lektüre[18], weiters hört man von bewährten Seminarangeboten besonders im Raum Ernstbrunn (Niederösterreich),

[18] Rita Stiens, „Die Wahrheit über Kosmetik" | Susanne Kehr-busch, „Alles klar mit Haut und Haar" | Antonella Schmalbach, „E-Book-Ratgeber Beauty und Kosmetik" | Sabine Gütt, „Kosmetik"

im Rahmen derer einschlägiges, praxisnahes Hintergrundwissen vermittelt wird... Das Folgende kann und will daher nur ein Überblick sein, der keinerlei Anspruch auf Vollständigkeit erhebt, sondern sich vielmehr darum bemüht, die Mechanismen und zugrundeliegenden Prinzipien ein wenig zu erhellen.

Nach dem Motto „Out of the Dark and into the Light" („Aus dem Dunkel ins Licht") beginnen wir den Weg in der Problemzone: dort, wo Friseur-Asthma und Friseur-Ekzem und weitere unerwünschte Begleiterscheinungen ihren Ursprung haben.

Achtung, Chemie:
Auf Kosten der Profis

Das erste Produkt, das Willi entwickeln ließ, war quasi zwangsläufig ein Shampoo, corpus genannt – kein anderes Friseur-Kosmetikum ist so unerlässlich, steht so symbolhaft für die gesamte Sparte. Zudem eignet es sich ideal, um unser Thema aus diversen Perspektiven zu beleuchten.

Wogegen muss(te) sich corpus auf dem Markt behaupten? Der Klassiker unter den aus ökologischer und gesundheitlicher Sicht allenfalls „eingeschränkt" (Ökotest) empfehlenswerten Tensiden, Sodium Laureth Sulfate (SLES)[19], kommt als waschaktive Substanz (meist in Tensidgemischen) in praktisch allen Duschgels und Shampoos zum Einsatz, die nicht zertifizierte Naturkosmetik sind. Was die Erwartungen der

---

[19] *Sodium Laureth Sulfate ist die englische Bezeichnung, die auch für die INCI-Deklaration Verwendung findet. Weitere chemische Bezeichnungen für das anionische Tensid sind Natriumdodecylpoly(oxyethylen)sulfat und Natriumlaurylethersulfat. https:// de.wikipedia.org/wiki/Natriumdodecylpoly(oxyethylen)sulfat*

Industrie wie auch der Mehrheit der Konsumierenden an ein
Tensid betrifft, ist SLES kaum zu übertreffen: Außer zu reinigen, ist es auch noch ein hervorragender Schaumschläger
und hat klammheimlich und inoffiziell, aber dafür umso nachhaltiger für einen Großteil der westlich-industrialisierten
Gesellschaft definiert, wie es sich anzufühlen hat, wenn man
sich die Haare wäscht bzw. ein Duschbad vergönnt. Da es zudem ein ausgezeichneter Emulgator ist, also Öl-Wasser-Gemi-
sche homogen erhält, findet es auch in zahlreichen weiteren
Kosmetikprodukten Verwendung, etwa Zahnpasten, Cremes,
Lotions usw. Nicht zuletzt ist es billig und damit sowohl pro-
fitabel für die Hersteller als auch – sofern dieser Preisvorteil
weitergegeben wird – günstig für die Endverbraucher.

Die ökologische Einschätzung fällt deutlich schlechter aus: SLES ist als vollsynthetisches Tensid nicht
nachhaltig und in der Herstellung nicht unproble-
matisch. Man benötigt dafür Gefahrstoffe, darunter Ethylenoxid, ein giftiges, krebserregendes und
wahrscheinlich erbgutveränderndes Gas (Letzteres
wurde nur im Tierversuch nachgewiesen). Weiters
fällt als Nebenprodukt das gesundheitsgefährdende
Dioxan[20] an.

Von all dem spürt der Endverbraucher aber nichts
am eigenen Leib – es berührt ihn buchstäblich nicht,
es ist lediglich eine abstrakte Information. Ethylenoxid ist ein Zwischenprodukt, das chemisch umge-
wandelt wird, und zumindest bei europäischen Produkten ist die Gefahr, dass Dioxan ins Endprodukt
gelangt, nach menschlichem Ermessen vernachlässigbar. Garantieren soll dies die Verbrauchersicherheit,
das nach offizieller Lesart erstrangige Ziel aller EU-Vorschrif-
ten betreffend Produktgestaltung. Oft wird über die Tendenz
zur Überregulierung im EU-Raum gemurrt, und das durchaus mit einiger Berechtigung; beim Umgang mit Gefahrstoffen darf man indes froh darüber sein, dass jede Handhabe

[20] *Das klingt weit dramatischer,
als es ist: Bei chemischen Pro-
zessen ist die Verwendung von
Gefahrstoffen völlig normal.
Das klassische Seifensieden
etwa ist ein chemischer
Prozess, für den Natronlauge
benötigt wird, das basische
Gegenstück zur Salzsäure.
Wir reden hier von schlimmsten Verätzungen von Haut
und Atemwegen und akuter
Erblindungsgefahr – und doch
ist es genau dieses ätzende
Zeug, mit dem nicht nur Seife,
sondern auch das beliebte
Laugengebäck hergestellt wird
(natürlich mit Natronlauge in
extremer Verdünnung).*

mannigfaltig abgesichert ist. Damit Produzenten die vorgeschriebene ordentliche Herstellungspraxis (Good Manufacturing Practice, GMP) nachweisen können, muss der gesamte Herstellungsprozess jeder einzelnen Charge lückenlos
dokumentiert werden – ein besonders für kleinere Betriebe
schmerzhaft großer Aufwand. Der sich aber Willis Erfahrung
nach lohnt, weil man auf diese Art nicht nur Auflagen erfüllt,
sondern wirklich umfassenden Einblick erhält. Mit diesen
Informationen, die in erster Linie der Minimierung bzw. Aus-
schaltung von Risiken in der Produktion (Stichwort Gefahren-
stoffe) und im Endprodukt (Stichwort Verbrauchersicherheit)
dienen, können die Herstellungsverfahren auch in Bezug auf
Logistik und Arbeitsabläufe optimiert werden. Oder weniger
technokratisch formuliert: Man weiß dann, wie man es am
besten macht.

Die vielbeschworene Verbrauchersicherheit ist allerdings
eine zwiespältige Sache: Sie ist, wie der Name schon sagt, auf
einen für Verbraucher üblichen Gebrauch ausgelegt. Getreu
der Maxime „die Dosis macht das Gift" läuft aber erhebliche
Gefahr überzudosieren, wer beruflich damit zu tun hat. SLES
„gilt als hautreizend und kann zu einer Austrocknung der Haut
führen".[21] Für Friseurlehrlinge speziell im ersten Lehrjahr, die
bisweilen mehr als 20 Haarwäschen an einem Tag durchzuführen haben, hat das dramatische Folgen: Ihr Risiko, am Friseur-Ekzem zu erkranken, liegt bei über 50 Prozent. Zudem
scheint auch bei SLES ein Sensibilisierungseffekt auftreten zu
können: Willi hat beobachtet, dass bei manchen Menschen,
die einmal betroffen waren, das Ekzem schon beim ein- oder
zweimaligen Kontakt wieder auftritt.

An dieser Stelle beeilen sich „Chemiefriseure", Innungsvertreter und erst recht die Hersteller und Vertreiber der SLES-hälti-
gen Produkte zu betonen, dass das Hautproblem von mehr als

---

[21] *https://de.wikipedia.org/wiki/Natriumdodecylpoly(oxyethylensulfat,*
abg. am 26. 11. 2015

jedem zweiten Lehrling am übermäßigen Kontakt mit Wasser liege und deshalb Naturfriseure nicht betroffen seien. Nun trifft zwar zu, dass in einem ganzheitlich arbeitenden Natur-friseur-Salon niemand ausschließlich mit Haarewaschen be-schäftigt ist und daher tendenziell auch weniger Wasserkon-takt besteht. Wenn man allerdings weiß, dass SLES ein knapp 19-fach[22] höheres Irritationspotenzial aufweist als Zuckertenside, die alternativ für Shampoos verwen-det werden, kann man Willis Empörung ob solcher Beschwichtigungen verstehen. „Nein", erregt er sich da, „die Chemie ist es, die andauernd eingesetzte Chemie."

[22] Irritationspotenzial von Tensiden, MIOI-Werte nach Gottfreund, Jander und Schweitzer 1995; zit. n. Stiens, „Die Wahrheit über Kosmetik", S. 163

Nach Willis Wahrnehmung ist die Sache eindeutig: „Auch Friseure, die zwar auf konsequente Naturprodukte umstei-gen, aber an der Arbeitsweise ‚Massenabfertigung' ansonsten nichts ändern, haben keine Hautprobleme mehr. Ich kenne keinen einzigen Friseur, der – egal wie – mit echten Natur-produkten arbeitet und Hautprobleme hat, selbst wenn das vorher der Fall war und er über die Krankheitsschiene zur Naturkosmetik gekommen ist."

Der Versuch, tendenziell hautreizende Tenside einfach aus der Gleichung herauszunehmen und dem Wasser die ganze Schuld in die Schuhe zu schieben, spricht auch wirklich gegen alles, was der gesunde Menschenverstand gebietet. Für Willis Ansicht spricht zudem der Umstand, dass SLES eine weitere bei manchen sehr beliebte, umsatzförderliche Eigenschaft hat: Man benötigt es häufig. SLES-hältige Shampoos entfet-ten stark bis sehr stark – das Haar fühlt sich frisch gewaschen an. Die Talg produzierende Kopfhaut reagiert auf extreme Entfettung mit drastisch gesteigerter Produktion und ent-sprechend rascher neuerlicher Verfettung. Damit ist der „La-bello-Effekt" sichergestellt – die gewünschte Wirkung (frisch gewaschene Haare, geschmeidige Lippen) tritt zuverlässig ein, ebenso zuverlässig wird durch das Produkt der Bedarfs-fall (fettes Haar, trockene Lippen) raschestmöglich wieder herbeigeführt. Es entsteht eine Form der konsumsteigernden Abhängigkeit, die aus Sicht der Gewinnmaximierung in höchstem Maße erwünscht ist – und das dadurch auch für Verbraucher erhöhte Risiko von gereizter und ausgetrockneter Kopfhaut stillschweigend in Kauf nimmt.

Das Pendeln zwischen Extremen ist fundamental unökologisch: Die Natur strebt nach Ausgleich. Wie auch das milde Öko-Tensid: Es entfettet gerade so viel wie nötig, was dazu beiträgt, dass sich die Talgproduktion auf ein natürliches, mittleres Maß einreguliert. Das ganze System beruhigt sich, die Ausgeglichenheit verlangt nach deutlich weniger bzw. weniger verbrauchsintensiven korrigierenden Eingriffen (in unserem Fall also Haarwäschen) als bei einem ständigen Hin und Her zwischen starker Entfettung und ebenso starker Hautreaktion in Form rascher Rückfettung.[23]

Die große Shampoovermehrung

So viel zum Thema Tenside. Aus Sicht der Naturkosmetik könnte man die Shampoos damit als erledigt betrachten und sich dem nächsten Kosmetikprodukt zuwenden. Anbieter, für die Profitinteressen über allem stehen, sehen das allerdings ganz anders: Warum nur ein Shampoo verkaufen, sei es auch verbrauchsmaximiert designt, wenn sich ganze Super-

....

[23] *Das Prinzip, größtmögliche Gleichmäßigkeit versus extremen Schwankungen anzustreben, ist auch z. B. beim Heizen oder im Straßenverkehr die sparsame Variante. Mit teilweise dramatischen Unterschieden: Der Dieselverbrauch eines sich durch Stop-and-go-Verkehr wühlenden Lkws kann bis zum Vierfachen (!) eines idealtypisch gemächlich und ohne Tempoänderung dahinschnurrenden Fahrzeugs betragen.*

marktregale mit Spezialhaarwaschmitteln füllen lassen? Sieht man sich Chemieshampoowerbung an, könnte man den Eindruck bekommen, dass die Reinigung des Haars kaum mehr als eine erwünschte Nebenwirkung ist: Glanz, Duft, Fülle, Kämmbarkeit, Struktur, Antistatik, Antischuppenwirkung, Volumen werden da versprochen und zum Teil auch geliefert. Bloß: Was handeln wir uns damit ein?

Die Antwort auf diese Frage vermag leider nicht zu beruhigen: Für alle diese Effekte, wie geringfügig sie letztendlich auch sein mögen, werden im Fall der Chemiekosmetik synthetische Inhaltsstoffe benötigt, deren Gemeinsamkeit darin besteht, dass für die Wirkung ein Preis zu zahlen ist. Auch wenn diese bescheiden ausfällt: Positiv geladene quaternäre Polymere sollen z.B. Volumen ins (feine) Haar bringen, indem sie einen Film auf den Haaren bilden, der stabilisierend wirken soll. Die Antistatika leisten dabei aber nichts, was ein ordentlicher Haarschnitt und ein sinnvoll eingesetzter Föhn nicht auch oder besser könnten[24]. Weitere Funktionen des Polymere-Films im Haar sind Glättung und Verbesserung der Kämmbarkeit.[25] Das hört sich im ersten Moment nicht so schlecht an, hat aber einige unschöne Haken: Zum einen versiegelt der Film nicht nur die Haare, sondern auch die Kopfhaut, die damit ihre Hauptfunktion als Ausscheidungsorgan nicht mehr erfüllen kann und quasi im eigenen Saft schmoren muss. Die in Chemiekosmetik nahezu allgegenwärtigen Silikone haben diesen unerwünschten Nebeneffekt in noch höherem Maß: „Sich mit silikonhaltiger Pflege einzucremen ist vergleichbar damit, das Gesicht in Frischhaltefolie einzuwickeln: Von außen sieht alles glatt aus, doch was passiert darunter? Die Haut kann kaum mehr atmen und wird in ihrer natürlichen Funktionsweise stark gehemmt", heißt es sogar seitens eines ansonsten der Chemie nicht grundsätzlich abgeneigten Kosmetikherstellers.[26]

[24] Testergebnisse laut http://www.fitforfun.de/beauty-wellness/haut-haare/feines-haar-sechs-shampoos-fuer-feines-haar-im-test_aid_10368.html: „nicht wirklich mehr Volumen", „gibt feinem Haar wie versprochen mehr Fülle", „Haare ... wirken etwas voller", „leider kein Extra-Volumen", „Volumen: kein Unterschied", „Volumen: kein Volumen"

[25] „Einige Vertreter der Polyquaternium-Gruppe haben zusätzliche Funktionen. So soll z.B. Polyquaternium-2 die Haut geschmeidig machen, Polyquaternium-45, -46 und -47 als Haarfixierungsmittel die Formgestaltung von Frisuren erleichtern." https://de.wikipedia.org/wiki/Polyquaternium, abg. am 26. 11. 2015

[26] Robby Beyer unter http://www.beyer-soehne.de/silikone-in-kosmetik/, abg. am 26. 11. 2015

Über Paraffine, die Erdöl-Schmiere, lässt sich Ähnliches sagen. Zum anderen bringt man sich damit einmal mehr in eine Form der Abhängigkeit, weil das künstlich gepushte Haar seine natürliche Spannkraft mangels Bedarf verliert und sich zunehmend auf die permanente chemische Unterstützung verlässt. Vieles davon ist „circle jerk"[27]: Radikal entfettetes Haar neigt zum Fliegen, wogegen beigemischte Antistatika helfen sollen; beim Blondieren werden die Haare aufgebrochen, weshalb sie künstlich wieder geglättet werden müssen. Auch Antischuppenshampoos können Teil eines negativen Regelkreises sein, dazu weiter unten mehr.

Zu den problematischsten Inhaltsstoffen in Chemieshampoos[28] zählen die Formaldehyd-Abspalter, die in Kosmetika zumeist an die Stelle von freiem Formaldehyd getreten sind. Anhand dieses als „wahrscheinlich karzinogen beim Menschen"[29] eingestuften Reizgases, das sogar Leichen konserviert und vor dem Verwesen bewahrt, lassen sich die Grenzen der behördlicherseits propagierten Verbrauchersicherheit aufzeigen: Wie kann es unter der Prämisse des Konsumenten-

....

[27] US-Slang aus der Medienbranche für eine Situation, in der Meinungsinhalte verstärkt werden, indem sie stets innerhalb eines geschlossenen Systems bleiben; abweichende Meinungen werden ausgeblendet.

[28] „Formaldehydabspalter werden u.a. in Kosmetika, Körperpflegeprodukten, Hautreinigungsmitteln, Farben, Lacken, Polituren, Kühlschmierstoffen verwendet." http://www.enzyklopaediedermatologie.de/artikel?id=15836, abg. am 27.11.2015

[29] Seit 1. April 2015 gemäß Anhang VI der Verordnung 2008/1272/EG über die Einstufung, Kennzeichnung und Verpackung von Stoffen und Gemischen. Formaldehyd ist zudem mutagen Kategorie 2 (im Tierversuch nachgewiesen, für den Menschen anzunehmen). In den USA gilt Formaldehyd seit 2011 ohne Einschränkungen als „bekanntes Humankarzinogen" http://ntp.niehs.nih.gov/ntp/roc/content/profiles/formaldehyde.pdf.

schutzes möglich sein, ein Gift[30] wie Formaldehyd überhaupt zuzulassen? Was nützt eine Deklarierungspflicht („enthält Formaldehyd") ab einer Konzentration >0,05 Prozent in Kosmetika, wenn sich das durch den Einsatz von Formaldehyd-Abspaltern unter gänzlich anderen Bezeichnungen[31] ganz einfach vertuschen lässt? Es scheint offenkundig, dass hier die Interessen der Industrielobby und jene der verbraucherschützenden Behörden in Konflikt geraten sind – und der Gesetzgeber klein beigegeben hat, zum Schaden der vorgeblich so schützenswerten Verbraucher: Ist Geld wichtiger als Menschen?

Weiters findet sich in chemiekosmetischen Produkten häufig Polyethylenglycol (PEG). Als vollsynthetische, sehr schwer abbaubare Substanz schneidet es ökologisch betrachtet schlecht ab. In der Produktion begegnen wir einmal mehr dem Gefahrstoff Ethylenoxid. Abgesehen von diesen „abstrakten", für Verbraucher/-innen unspürbaren Nachteilen geht von PEG selbst keine Gefahr aus. Allerdings kann es in Kombination mit anderen Stoffen riskant werden: PEG macht die Haut durchlässiger. Man erhöht damit die Effektivität von Wirkstoffen – aber natürlich auch die Belastung durch Schadstoffe.

Zum Schluss dieser Auflistung noch ein Wort zu den Antischuppenshampoos, das uns zunächst an den stark tensidhältigen Anfang zurückführt: „Die tägliche Haarwäsche und stark schäumende Shampoos laugen die Kopfhaut aus, besonders bei Menschen mit Neigung zu trockener Haut", zitiert Öko-Test[32] Professor Gerhard Lutz, Haarexperte und Dermatologe aus Bonn. Das Auftreten von Schuppen kann zwar auch andere Ursachen haben, diese ist aber hausgemacht und insofern besonders perfide: Aggressive Tenside im Shampoo sind konsumsteigernd, mithin am ehesten dazu angetan, das Bedürfnis nach einer täglichen Haarwäsche überhaupt erst aufkommen

[30] „Unerwünschte Nebenwirkungen: U.a. Acne vulgaris, Hustenanfälle, Konzentrationsschwäche, Antriebsverlust, Kopfschmerzen, Appetitmangel, Augenschmerzen, Müdigkeit, Mundtrockenheit und Nervosität. S.a.u. Öko-Syndrom. Darüber hinaus sind starke allergene Wirkungen bekannt." http://www.enzyklopaedie-dermatologie.de/artikel?id=14308

[31] Z.B. Quaternium-15, Doazolidinyl-Urea, Imidazolidinyl-Urea, DMDM Hydantoin, Sodium Hydroxymethyl Glycinate

[32] http://www.oekotest. de/cgi/index.cgi?artnr=100812&bernr=10, abg. am 27.11.2015

zu lassen. Hat man die Kopfhaut lange genug überreizt, können Schuppen entstehen. Die chemische Antwort darauf lautet: noch mehr Irritation. „Salicylsäure soll die Schuppen lösen. Zinkpyrithion, Climbazol, Selendisulfid und Piroctonolamin sollen bestimmte Hefepilze in Schach halten. Diese Keime gehören zwar zur normalen Hautflora, spielen aber vermutlich bei Kopfschuppen eine Rolle."[33]

Unabhängig davon, ob ein Problem mit der Hautflora besteht oder die Schuppen einfach durch zu häufiges Haarewaschen mit zu aggressiven Shampoos auftreten, wird mit Fungiziden und/oder der hautreizenden Salicylsäure „gegengesteuert". Kann funktionieren – wenn tatsächlich ein medizinisches Problem vorliegt und man das Mittel der Wahl findet. In jedem Fall wird der oben beschriebene Ping-Pong-Effekt zwischen Entfettung und vermehrter Talgproduktion weiter angeregt – und damit unter Umständen die Ursache der Schuppenbildung zu deren Beseitigung eingesetzt. Klassischer kann man den Bock nicht zum Gärtner machen. Der Naturfriseur-Tipp lautet jedenfalls: Probieren Sie es doch einmal mit einem zertifizierten Biokosmetik-Shampoo[34] und idealerweise 100 Bürstenstrichen täglich – im schlechtesten Fall gönnen Sie Ihrer Kopfhaut eine Erholungspause, im besten ist Ihr Schuppenproblem damit Geschichte.

[33] ebd.

[34] Die Abschnitte „Naturkosmetik boomt – wenn sie echt ist" und „Im Labeldschungel" in diesem Kapitel befassen sich ausführlich damit, was genau unter diese Definition fällt.

Phenylendiamine: Da seh' ich Schwarz

„Wir Friseure sind die größten Haarkaputtmacher." Willi bezieht sich mit dieser bitteren Selbstanklage vor allem auf das diesbezügliche Problemthema Nummer eins, das Färben mit oxidativen Haarfärbemitteln – Permanent-Kolorierungen.

Dabei werden heftige chemische Geschütze aufgefahren. Als Erstes wird das Haar möglichst vollständig entfärbt; die von der Kolorierung versprochene Farbe bezieht sich auf eine Anwendung bei 100 Prozent Weißgrad. Das Bleich- und Oxidationsmittel Wasserstoffperoxid ist zwar hautreizend und schädigt die Haarfasern, erledigt den Job aber verlässlich und löst die natürlichen Haarfarbpigmente auf. Damit die folgende Färbung noch effektiver funktioniert, wird das Haar aufgequollen, die äußere Schuppenschicht abgespreizt. Dafür kommt Ammoniak zum Einsatz oder das weniger geruchsaggressive, im Übrigen aber noch bedenklichere Ethanolamin[35], das auch z.B. in Backofenreinigern als Ersatz für Natronlauge verwendet wird. (So viel zum Hinweis „ohne Ammoniak".) Das gebleichte und strukturell aufgebrochene Haar ist nun endlich bereit für die eigentliche Färbung. Dazu werden ungefärbte Farbvorstufen chemischen Reaktionen unterworfen: vom Wasserstoffperoxid oxidiert, verbinden sie sich chemisch und dauerhaft mit dem Haarkeratin. Die ungefärbten Farbvorstufen, auch Oxidationsfarbstoffe genannt, sind entweder Oxidationsbasen (Entwickler) oder Nuancierer (Kuppler). Vor allem die häufig als Entwickler eingesetzten aromatischen Verbindungen sind hochproblematisch: Zu ihnen gehört an vorderster Stelle der Titelantiheld dieses Kapitels, p-Phenylendiamin. Dazu gleich mehr – zuvor noch ein Wort zur Dauerwelle bzw. Dauerglättung, der Nummer zwei in der Hitliste der Haarkaputtmacher. Dabei werden ebenfalls die Haare aufgequollen, anschließend löst Thioglykolsäure rund 20 Prozent der Doppelschwefelbrücken im Keratin; weniger wäre unwirksam, mehr würde das Haar nicht schädigen, sondern unwiderruflich zerstören. Dank des zu ca. einem Fünftel strukturell aufgelösten Haars können nun einzelne Faserstränge verschoben, in die gewünschte Form gebracht und dort dauerhaft fixiert werden, je nach Wunsch dauergeglättet oder dauergewellt. Dafür muss die Wirkung der Thioglykolsäure wieder rückgängig gemacht werden, was

[35] „Die Substanz verätzt die Atemwege, die Haut und die Augen. Ätzend beim Verschlucken. Der Dampf reizt die Augen, die Haut und die Atemwege. Möglich sind Auswirkungen auf das Zentralnervensystem. Exposition kann Bewusstseinstrübung verursachen." http://www. chemicalbook.com/ChemicalProductProperty_DE_ CB1218589.htm, abg. am 18.2.2016

chemisch gesprochen in Form einer Oxidation erfolgt, die die Doppelschwefelbrücken wieder schließt. In der Friseurpraxis wird ein Fixiermittel, meist Wasserstoffperoxid, aufgebracht.

Um den zahlreichen Schädigungen des Haares entgegenzuwirken, greift man auf die im vorigen Abschnitt beschriebenen „Pflege"mittel zurück; Glätte, Kämmbarkeit und Glanz werden so ansatzweise wiederhergestellt, allerdings immer nur so lange, wie man sich weiter mit den chemischen Produkten versorgt. All das wird nach wie vor von der großen Mehrheit der Millionen, die sich regelmäßig (selbst) die Haare färben, in Kauf genommen, weil es oberflächlich betrachtet so gut und einfach funktioniert: Jede beliebige Farbe lässt sich erzielen, das Resultat mit hoher Gewissheit voraussagen; die Deckkraft liegt bei 100 Prozent. 100 Prozent sind ein prinzipiell unnatürlicher Wert, aber ob es jetzt an fest verankerten Konsumgewohnheiten liegt, an erfolgreicher Werbesuggestion oder einem selbst auferlegten Modediktat-Befolgungszwang: Genau das ist die übliche Erwartungshaltung, wenn Frauen und zunehmend auch Männer sich die Haare färben – Grau raus, jugendliches Was-auch-Immer rein. Zu 100 Prozent.

Naturkosmetik kann und will da nicht mit: Kann nicht, weil sich mit Pflanzenhaarfarbe keine Aufhellung bewerkstelligen lässt. Die Farbe wird über das Haar gelegt, anstatt es systematisch zu penetrieren, was eine additive, zusätzliche, aber nie hundertprozentig deckende Farbschicht und keine radikale Ent- und Umfärbung ergibt. Und auch Tiefschwarz gehört nicht zum natürlichen Farbangebot.

Warum Naturkosmetik nicht will? Falls sich das an dieser Stelle wirklich noch jemand fragt – man könnte nett darüber philosophieren, wie schön etwa rein weißes Haar ist, wie gut sich gepflegte graue Strähnen machen können, um wie viel natürlicher der Farbverlauf im Haar beim Färben mit Pflanzenfarbe aussieht. Oder auf das eben beschriebene Haarkaputtmachen verweisen. Leider sind wir aber noch längst nicht am Ende mit der Auflistung von Problemstoffen in Friseurkosmetik. Ganz im Gegenteil: Das Schlimmste steht noch bevor.

Auftritt der Phenylendiamine[36], die als Farbentwickler so gut wie allen nicht natürlichen dunklen Haarfärbemitteln beigemengt werden. Wie toxisch das ist, veranschaulicht folgendes Zitat:

„Bei s. c. Zufuhr *[subkutan, unter die Haut, Anm.]* erzeugt Paraphenylendiamin Unruhe und erhöhte Erregbarkeit, Steigerung der Atem- und Pulsfrequenz, später Ödem der Submaxillargegend *[Bereich unterhalb des Oberkiefers, Anm.]*; bei größeren Dosen klonisch-tonische Krämpfe ohne Ödem. Tod durch Atemlähmung. In dieser Form appliziert, ist Paraphenylendiamin ein typisches Krampfgift.

Pathologisch-anatomischer Befund: In einem Fall Leberatrophie mit Bindegewebswucherung, schwerster Leberzellnekrose, stellenweise Blutungen *(Israëls)*. Dieser Befund scheint für p-Phenylendiamin nicht absolut charakteristisch. Dagegen macht Metaphenylendiamin Ikterus *[Gelbsucht, Anm.]* und tödliche Leberdegeneration *(Zangger)*.

Dimethylparaphenylendiamin machte bei Arbeitern Hautentzündung, Ekzeme.“[37]

Dieser Auszug aus einem gerichtsmedizinischen Handwörterbuch stammt aus dem Jahr 1940. Para-Phenylendiamin (PPD) kam 1907 als kommerzielles Haarfärbemittel auf den Markt. Eingeführt wurde es vom jungen Chemiker Eugène Schueller unter dem Namen „Oréal[38]“. In Deutschland war der Stoff bereits 1906 per Bundesratsbeschluss „wegen seiner Schädlichkeit für das Färben lebender Haare verbo-

[36] „Die Phenylendiamine *(auch Diaminobenzole)* sind chemische Verbindungen aus der Gruppe der aromatischen Amine und wichtige Ausgangsstoffe für viele organische Verbindungen. Sie bestehen aus einem Benzolring mit zwei Aminogruppen $(-NH_2)$. Durch unterschiedliche Anordnung dieser Gruppen ergeben sich drei Konstitutionsisomere: 1,2-Phenylendiamin (ortho-Phenylendiamin), 1,3-Phenylendiamin (meta-Phenylendiamin) und 1,4-Phenylendiamin (para-Phenylendiamin).“ https://de.wikipedia.org/wiki/Phenylendiamine, abgerufen am 3. 8. 2015; Hervorhebungen im Original

[37] Neureiter et al.: „Handwörterbuch der gerichtlichen Medizin und naturwissenschaftlichen Kriminalistik“, S. 558. Hervorhebungen im Original

[38] Vermutlich aufgrund der klanglichen Nähe zu „auréole“, französisch für Strahlenkranz.

[39] Irion, H., „Drogisten-Lexikon. Band III", S. 385

[40] http://www.fda.gov/About FDA/WhatWeDo/History/Pro-ductRegulation/ucm132818. htm, abg. am 17.3.2016

[41] http://jadn.co.uk/w/paraphe-nylenediamine.htm, abg. am 17.3.2016

ten"[39] worden (dass sich PPD zum Haarefärben eig-net, ist seit ca. 1880 bekannt); man griff dort deshalb ersatzweise auf para-Toluylendiamin zurück, was am Allergiepotenzial allerdings wenig ändert. – zu-mal sämtliche importierten Haarfärbemittel das All-ergen trotzdem enthalten durften. In den 1930ern kamen in den USA Berichte auf, denen zufolge das Färben von Wimpern und Augenbrauen katastro-phale Folgen hatte: Das populäre Produkt „Lash Lure" ließ die Haut Blasen bilden und führte in mindes-tens einem Fall zu permanenter Blindheit. Der US-Food and Drugs Act von 1906 war damit obsolet geworden und wurde 1938 durch den Food, Drug, and Cosmetic Act ersetzt, womit erstmals Kosmetika einem Regulativ unterworfen wurden.[40] „Lash Lure" wurde vom Markt genommen und der Einsatz von PPD in Kosmetika, die direkt auf der Haut verwendet werden, verboten. Der Einsatz als Haarfärbemittel war davon ausge-nommen, PPD blieb in dieser Funktion erlaubt, ungeachtet der Tatsache, dass sich beim Färben des Nachwuchses ein Kontakt des Färbemittels mit der Kopfhaut mit Sicherheit nicht gänz-lich verhindern lässt. Auch wenn noch einige andere Länder dem deutschen Beispiel folgten und das Allergen vollständig verboten (Frankreich 1946, Schweden 1964[41]), entspricht dies heute der allgemeinen Praxis in westlichen Industrienatio-nen: PPD ist für den direkten Kontakt auf der Haut verboten, als Haarfärbemittel erlaubt. Worauf man sich damit einge-lassen hat, illustriert der Eintrag zu PPD, CAS Nr. 106-50-3, in der GESTIS-Stoffdatenbank des Instituts für Arbeitsschutz der Deutschen Gesetzlichen Unfallversicherung:

„Die wesentliche Gefährdung besteht in der kontaktaller-genen Wirkung der Substanz: PPD wirkt stark hautsensi-bilisierend. In Testungen an Versuchstieren wurden Sensi-bilisierungen bei bis zu 80–100 % der Tiere induziert ... In den letzten Jahren ist ausschließlich über hautallergene Wirkungen (Entwicklung von Kontaktekzemen) berichtet worden. In Testungen an großen Gruppen von Hautpatienten lagen die durchschnittlichen Sensibilisierungsraten 1993/1997 bei 5%; international lagen sie z.T. noch höher (um 9%).[07619]

Sehr hohe Sensibilisierungsraten fanden sich in bestimmten Berufsgruppen, z.B. bei Friseusen/Friseuren bis zu 40–50%. (...)

Mutagenität:
PPD zeigte in Ames-Tests nach metabolischer Aktivierung ein mutagenes Potential. (...)

Kanzerogenität:
Es besteht der begründete Verdacht auf kanzerogenes Potential. (...)

Gewässergefährdung:
Stark wassergefährdend. Eindringen in Gewässer, Kanalisation oder Erdreich unbedingt vermeiden. Schon beim Eindringen geringer Mengen Behörden verständigen."[42]

Phenylendiamine sind also für Mensch und Umwelt gefährliche Stoffe, mit denen man ganz buchstäblich nicht in Berührung kommen sollte. Weil es aber so gut funktioniert und so billig ist, will die Industrie nicht darauf verzichten, auch wenn das Gefahrenpotenzial allen bewusst ist: „Die fortgesetzte Verwendung von p-Phenylendiamin in Haarfarben bleibt Anlass zu erheblicher Sorge um die Verbrauchersicherheit. Allergische Reaktionen darauf können schwer sein"[43], hält das SCCS, das offizielle beratende wissenschaftliche Verbraucherschutzkomitee der Europäischen Kommission für den Non-Food-Bereich, in der „Opinion 1443/11" fest. Und nicht

....

[42] http://gestis.itrust.de/nxt/gateway.dll/gestis_de/015030.xml?f=templates$fn=default.htm$3.0, abg. am 4.8.2015

[43] SCCS/1443/11, S. 66

nur schwer, allem Anschein nach sogar tödlich, wie etwa der zu trauriger Berühmtheit gelangte Fall der 17-jährigen Schottin Tabatha McCourt zeigt: Für ihren Tod im Oktober 2011 gilt eine allergische Reaktion auf PPD als wahrscheinlichste Erklärung[44].

Trotz alledem ist der Stoff und Ähnliche zugelassen[45]; die jüngsten Änderungen der Kosmetikverordnung betrafen lediglich eine Reduktion der erlaubten maximalen Konzentrationen. Weniger Gift ist natürlich besser, bloß: Ein Gift bleibt es dennoch – und die Folgen sind unübersehbar. „Sehr hohe Sensibilisierungsraten fanden sich in bestimmten Berufsgruppen, z.B. bei Friseusen/Friseuren bis zu 40–50 %", war gerade zu lesen. Dazu muss man wissen, dass Sensibilisierungen auf zwei Arten entstehen können: entweder durch Kontakt mit einer großen Menge des Allergens (siehe dazu das nächste Kapitel) oder durch eine Akkumulierung durch wiederholten Kontakt mit kleinen Mengen. Obwohl „Kontakt" hier nicht ganz der richtige Begriff ist, denn natürlich gehört zum fachgerechten Umgang mit chemischen Kolorierungen das Tragen von Handschuhen. Aber schon die Dämpfe von p-Phenylendiamin reichen aus, um schwere Allergien auszulösen: PPD zählt zu den „atemwegsirritativen Arbeitsstoffen"[46],

....

44 http://www.theguardian.com/lifeandstyle/2011/nov/28/could-hair-dye-kill-you, http://abcnews.go.com/blogs/health/2011/10/20/hair-dye-allergy-suspected-in-teen-death/

45 VERORDNUNG (EU) Nr. 344/2013 / VERORDNUNG (EU) Nr. 658/2013. Zugelassen sind demnach „N-substituierte Derivate von p-Phenylendiamin und ihre Salze; N-substituierte Derivate von o-Phenylendiamin (1), ausgenommen die in diesem Anhang an anderer Stelle und die in Anhang II unter den laufenden Nummern 1309, 1311 und 1312 aufgeführten Derivate". Schon erfrischend, wie hier im Sinne mündiger Konsumierender auf eindeutige Kommunikation und Transparenz gesetzt wird...

46 Trautmann, A.: „Allergologie in Klinik und Praxis", S. 455. Weiters werden an dieser Stelle Persulfate und Azofarben angeführt.

was sich zu einem existenziellen Problem auswachsen kann. Besteht der Verdacht auf eine Berufskrankheit – in diesem Fall Asthma bronchiale – sind sowohl die behandelnde Ärztin oder der behandelnde Arzt als auch der Arbeitgeber meldepflichtig[47]. Bestätigt sich der Verdacht, muss „die gefährdende Tätigkeit[48]", also der Beruf, aufgegeben werden, soll die Krankheit als Berufskrankheit anerkannt werden (und nur dann ist der Unfallversicherungsträger zur Entschädigung in Form von Ausbildungen, Umschulungen oder dergleichen verpflichtet).

Man lasse sich das auf der Zunge zergehen: Da gibt es eine Substanz, die die Gesundheit bis zur Berufsunfähigkeit beeinträchtigen kann. Anstatt sie aber einfach – wieder – zu verbieten, untersagt man Betroffenen lieber die Berufsausübung, um einer irreversiblen Selbstschädigung vorzubeugen. Und dieser Stoff ist keine Rarität, kein Relikt aus umweltunbewussten Zeiten, sondern de facto alternativlos in oxidativen Haarfärbemitteln. Daran vermögen auch Neuerungen wie „ME+ – Eine (sic!) bahnbrechender Fortschritt in der Haarfarbtechnologie"[49] nichts Grundlegendes zu ändern, was unmittelbar augenfällig wird, wenn man weiß, wofür die Abkürzung steht: 2 Methoxymethyl-p-Phenylendiamin. Obgleich wieder ein PPD-Derivat, verringere diese Substanz „das Risiko, neue Allergien zu entwickeln". Bei der Markteinführung 2013 wurde das „Farbwundermolekül"[50] abgefeiert. Das Ergebnis von mehr als 20 Jahren Forschung und Entwicklung sei „ein riesiger Schritt vorwärts in Sachen Haarfärbemittel-Technologie" und werde „das Haarefärben revolutionieren". Das Allergierisiko sei zwar „nicht null", aber dank des geringeren Hautsensibilisierungspotenzials erheblich reduziert.[51] Dem steht allerdings folgende Aussage entgegen: „Das SCCS ist der Ansicht, dass die Verwendung von 2-methoxy-methyl-p-phenylenediamine und seinem Sulfatsalz als oxidatives Haarfärbemittel mit einer ma-

[47] in Österreich gegenüber dem Sozialversicherungsträger, in Deutschland gegenüber dem Träger der Unfallversicherung oder den für den medizinischen Arbeitsschutz zuständigen Stellen

[48] https://www.gesundheit. gv.at/Portal.Node/ghp/public/ content/Asthma_Berufskrankheit_HK1.html, abg. am 17. 2. 2016

[49] http://www.haarfragen. de/2015/01/ammoniak-mea-und-co-in-haarfarben/, abg. am 17. 2. 2016

[50] ebd.

[51] http://www.cosmetics-design-europe.com/ Formulation-Science/P-G-announces-first-permanent-hair-dye-molecule-with-reduced-allergy-risk, abg. am 2. 3. 2016

ximalen Konzentration von 1,8 Prozent bei der Anwendung kein Gesundheitsrisiko für den Verbraucher birgt, *abgesehen von seinem Sensitivierungspotenzial.*"[52] Dennoch ist „ME+" in der EU als Haarfärbemittel zugelassen.

Was der viel zitierte Verbraucherschutz bzw. die „opinions" (Meinungen) von einer Institution wie dem SCCS (bis 2009 SCCP, Scientific Committee on Consumer Products) wirklich wert sind, hat ja schon die Einschätzung von p-Phenylendiamin gezeigt: Der „Anlass zu erheblicher Sorge um die Verbrauchersicherheit" bereitet dann doch wieder keine so großen Kopfschmerzen, als dass das Zeug verboten werden würde. Ja, vergleichsweise schneidet ME+ in der SCCS-Einschätzung deutlich besser ab, aber ausgerechnet die als revolutionär gepriesene Neuerung von ME+, das reduzierte Allergierisiko, ist als einziges Gesundheitsrisiko für den Verbraucher übrig geblieben. ME+ ist insofern dem Wesen nach nichts Neues, sondern nur eine optimierte Version desselben, und mit der Zulassung legte die EU den Verbraucherschutz einmal mehr, nun ja, großzügig aus.

Noch ein Beispiel gefällig? Auch zu Toluylendiamin, der nach dem PPD-Verbot in Deutschland beliebtesten Alternative für oxidative Haarfärbemittel, gibt es eine deutliche Warnung: „Das SCCP ist der Ansicht, dass die Verwendung von Toluene-2,5-Diamin in Anbetracht der vorliegenden Daten nicht als sicher eingestuft werden kann (...) Toluene-2,5-Diamin hat ein extrem hohes hautsensitivierendes Potenzial."[53] Diese Einschätzung von 2007 wurde 2012 von der SCCP-Nachfolgeorganisation SCCS bestätigt: „Toluene-2,5-diamine ist extrem hautsensitivierend. Die Häufigkeit von allergischen Reaktionen bei Friseuren und Verbrauchern bleibt ein Grund für erhebliche Sorge um die Verbrauchersicherheit."[54]

[52] *SCCS/1491/12, „OPINION ON 2-Methoxy-methyl-p-phenylenediamine and its sulfate salt", S. 32*

[53] *SCCP/1084/07, „OPINION ON Toluene-2,5-diamine". S. 53. Toluylendiamin (Toluenediamine INCI, Diaminotoluole auf Wikipedia) sind Bezeichnungen für eine Stoffgruppe aromatischer Verbindungen.*
Geht es um eine konkrete Substanz wie an dieser Stelle Toluene-2,5-diamine, finden sich eher noch mehr unterschiedliche Bezeichnungen: 2,5-Diaminotoluene, 2-Methyl-p-phenylendiamin, 2,5-Diaminotoluol, 2,5-TDA, 2-Methyl-1,4-phenylendiamin, Toluylen-2,5-diamin, Toluol-2,5-diamin ... um für eine eindeutige Identifikation zu sorgen, wurde daher das CAS-System geschaffen, ein internationaler Bezeichnungsstandard für chemische Stoffe. Im konkreten Fall geht es um CAS 95-70-5.

[54] *SCCS/1479/12, „OPINION ON Toluene-2,5-diamine and its sulfate". S. 66*

Halten wir an dieser Stelle eine einfache Tatsache fest: Die einzige Möglichkeit, jedes Allergierisiko aufgrund von Phenylendiaminen, Toluylendiaminen und Co zu vermeiden, besteht darin, sich derartigen Substanzen überhaupt nicht auszusetzen. Das bedeutet in der Praxis, das Haarefärben einzustellen – oder auf Naturkosmetik-Alternativen umzusteigen. Denn bei oxidativen Haarfärbemitteln gibt es kein Entrinnen, wie etwa die Antwort auf eine entsprechende Anfrage an eine große Drogeriemarkt-Kette illustriert:

> **Drogeriemarkt** „Hallo M., Phenylendiamine (pPD) und Toluenediamine (pTD) gehören zu der Gruppe der Parafarbstoffe. Diese Stoffe sind in allen dauerhaft haltbaren Colorationen enthalten. Daher kann ich Dir leider auch keine Haarfarben aus unserem Sortiment empfehlen, welche frei davon sind. Viele Grüße, Sandra"[55]

Es geht um viel Geld: 2,4 Milliarden Euro umfasste allein der EU-Markt für Haarfärbemittel 2004, rund acht Prozent des gesamten Umsatzvolumens im Bereich Kosmetik. 70–80 Prozent davon entfielen auf permanente Haarfärbemittel, der Rest zum Großteil auf andere chemische Produkte. „Mehr als 60 % aller Frauen und 5–10 % der Männer färben sich die Haare, im Durchschnitt 6 bis 8mal pro Jahr".[56] Und es werden immer mehr: Der Markt für Haarfärbemittel ist der schnellstwachsende im Bereich Haar„pflege", zu welchem die Statistik sie irreführenderweise zählt. Mit fantastischen Zuwachsraten jenseits von 100 Prozent über die Jahre 2012 bis 2016 – z.B. in Südkorea oder Indien. Der größte Markt im Asien-Pazifik-Raum mit einem Umsatz von 1 Milliarde Dollar war 2012 Japan[57]. Im selben Jahr wurden Chinesen und Chinesinnen im Alter von 40–49 Jahren als intensivste Haarefärber überhaupt ausgemacht: Fast drei Viertel griffen regelmäßig zur Kolorierung[58].

[55] https://www.facebook.com/dm.Deutschland/posts/420617201310679, abg. am 3.8.2015. Das Posting stammt vom 26. Juni 2012, der Kommentarbaum darunter reicht indes bis in die Gegenwart.

[56] http://europa.eu/rapid/press-release_IP-06-1047_de.htm?locale=de vom 20. Juli 2006, abg. am 25.8.2015.

[57] http://www.cosmetic-business.com/de/Neuigkeiten/40814, abg. am 18.2.2016

[58] http://www.mintel.com/blog/beauty-market-news/hair-colourants-in-the-chinese-market, abg. am 18.2.2016

Es geht aber auch um Konsumgewohnheiten und die Erfül-
lung von Erwartungshaltungen: Speziell Frauen fühlen sich
genötigt, dem medial nach Kräften geförderten Ideal von
ewiger Jugend und Schönheit zu entsprechen – nicht zuletzt
um der männlichen Erwartungen willen. Die sprichwörtliche
graue Maus ist aus männlicher Sicht nach wie vor am unat-
traktivsten, auch wenn hier in ersten Ansätzen ein Umdenken
in Gang gekommen ist. Noch aber ist das Färben für die große
Mehrheit (der Frauen) unverzichtbar. 100 Prozent Deckkraft
werden dabei ebenso als selbstverständlich angenommen
wie eine unfehlbar einfache Anwendung für das billige Sel-
bermacherverfahren. („Um das zu können, muss man wirklich
nicht Friseur lernen", merkt Willi dazu an.) Das sind kurzsichtige konsumistische Erwartungshaltungen, mit denen das
Produkt „Pflanzenhaarfarbe" nicht konkurrieren kann – nicht
funktionell und schon gar nicht preislich, weil die Chemiepro-
dukte versteckte Kosten ausblenden: Kosten für Beeinträchti-
gungen der Gesundheit und Schädigungen der Umwelt. Welche Folgen das Auftragen der Chemiecocktails haben kann,
wird mehrheitlich ignoriert bzw. in Kauf genommen oder ist
den Verbraucherinnen schlichtweg nicht bewusst. Solange es
zu keinen allergischen Reaktionen kommt ...

Phenylendiamin ist schlecht – nennen wir es „schwarzes Henna"

P-Phenylendiamin ist weit verbreitet – um nicht zu sagen allgegenwärtig: Es findet sich außer in oxidativen Haarfärbemitteln und temporären schwarzen Tätowierungen in schwarz
gefärbten Stiefeln, Lederhandschuhen, Portemonnaies und
Kleidungsstücken, Druckerschwärze, Fahrradgriffen, Gummi-
schläuchen, Futterstoffen, dunklen Strumpfhosen, schwarzen
Socken ... Hat man einmal eine Reaktion auf PPD gezeigt, ist

man bis ans Lebensende sensibilisiert und es gilt, möglichst jeden Kontakt mit dem Allergen zu meiden. Widrigenfalls riskiert man das Wiederauftreten der Akutreaktionen von juckenden bis brennend-schmerzhaften und entstellenden Hautirritationen über Lymphschwellungen bis zu schweren Störungen des Allgemeinbefindens.

Als Kontaktallergen ist PPD insbesondere bei direktem Hautkontakt hochsensitivierend. Es ist deshalb im EU-Raum wie auch z.B. in den USA für alle Kosmetika, die auf die Haut aufgetragen werden, verboten. Für den Einsatz in Haarfärbemitteln, die ja bekanntlich nie (!) mit der (Kopf-)Haut in Berührung kommen, beließ man es bei einer Reduktion der Höchstkonzentration und weiteren Warnhinweisen. Für „oxidative Haarfärbemittel", die Phenylen- oder Toluylendiamin enthalten, ist seit November 2011 der folgende Wortlaut auf dem Beipacktext vorgeschrieben:

 ‚Haarfärbemittel können schwere allergische Reaktionen hervorrufen. Bitte folgende Hinweise lesen und beachten:

Dieses Produkt ist nicht für Personen unter 16 Jahren bestimmt.

Temporäre Tätowierungen mit ‚schwarzem Henna' können das Allergierisiko erhöhen.

Färben Sie Ihr Haar nicht,
→ wenn Sie einen Ausschlag im Gesicht haben oder wenn Ihre Kopfhaut empfindlich, gereizt oder verletzt ist;
→ wenn Sie schon einmal nach dem Färben Ihrer Haare eine Reaktion festgestellt haben;
→ wenn eine temporäre Tätowierung mit ‚schwarzem Henna' bei Ihnen schon einmal eine Reaktion verursacht hat.

Enthält Phenylendiamine (Toluylendiamine).

Nicht zur Färbung von Wimpern und Augenbrauen verwenden.'[59]

[59] VERORDNUNG (EU) Nr. 344/2013

Für Julie McCabe kam diese Warnung zu spät: Die 38-jährige Britin hatte 2007 auf ein temporäres Tattoo allergisch reagiert, aber dennoch weiterhin das Haarfärbemittel ihrer Wahl verwendet. Kurz nach dem Tod von Tabatha McCourt 2011 fiel sie in ein Koma und verstarb im Jahr darauf.[60]

[60] http://www.dailymail.co.uk/news/article-2960349/Mother-died-henna-tattoo-holiday-Dubai-triggered-massive-allergic-reaction-L-Oreal-hair-dye.html

[61] http://www.fda.gov/MedicalDevices/ProductsandMedicalProcedures/HomeHealthandConsumer/ConsumerProducts/ContactLenses/ucm108569.htm#whats_in, abg. am 8.3.2016

[62] http://www.aerzteblatt.de/archiv/27955, abg. am 8.3.2016

[63] ebd.

Gewarnt wird freilich nicht vor Phenylendiamin oder Toluylendiamin, die gezielt ganz ans Ende des Textes verbannt wurden, sondern vor „schwarzem Henna". Wie kam man dazu, den Warnhinweis so zu formulieren? Dr. Karin Gromann, die Kosmetik-Expertin im Bundesministerium für Gesundheit: „Die problematischen Tattoos werden in den Urlaubsdestinationen als ‚black henna' bezeichnet." Diese sind fraglos hochriskant: Dem Farbstoff für die „Temptoos" werden große Mengen PPD beigemischt, es wurden sogar Fälle bekannt, in denen das sogenannte ‚schwarze Henna" aus nichts anderem als dem hochgiftigen Allergen bestand.[61] Ganz sicher hochgradig PPD-vergiftet waren die Farbstoffe, die zwischen 1985 und 1996 mindestens 35 Säuglingen in Kuwait und im Sudan einen qualvollen Tod bescherten. In manchen islamischen Ländern ist es Brauch, männlichen Neugeborenen den gesamten Körper mit Henna zu färben. Traditionell nimmt diese Prozedur eine ganze Woche in Anspruch. Dank des Farbverstärkers PPD lässt sie sich in wenigen Stunden bewerkstelligen. Doch man zahlt dafür den ultimativen Preis: „PPD verursacht eine Hämolyse bei den Neugeborenen", erklärt Dr. Björn Hausen[62] – die roten Blutkörperchen lösen sich auf.

PPD-hältige Temptoos haben, soweit bekannt, noch keinen direkten Todesfall verursacht, die Folgen können aber schmerzhaft sein: „Betroffene berichten, ihr Arm sei ‚wie mit einem Brandeisen'"[63] markiert gewesen. Was oft bleibende Entstellungen nach sich zieht. Das langfristige, eigentliche Problem: Die Leidtragenden sind fortan auf PPD und seine chemischen

Verwandten sensibilisiert und zeigen potenziell allergische Reaktionen auf jeden Kontakt, die unter Umständen bis zum anaphylaktischen Schock reichen können.

Es ist also sicherlich wichtig und richtig, vor Paraphenylendiamin-Tattoos zu warnen – mit der Wortwahl „schwarzes Henna" lenkt man aber vom eindeutig Schuldigen ab und bringt den nicht allergenen[64] Naturstoff Henna, der seit Jahrtausenden völlig problemlos zum Färben von Haut und Haar verwendet wird, in Misskredit. Der Verweis bringt Willi Luger dementsprechend auf die Palme: „Das Zeug enthält bis zu 80 Prozent Phenylendiamin, warum wird das nicht Phenylendiamin-Tattoo genannt?"

Willi fragt sich das nicht wirklich – er kennt die Antwort, und leider muss man feststellen, dass der Anti-Natur-Lobbyismus funktioniert. Immer wieder taucht seither die Frage auf, ob Henna ein sicheres Haarfärbemittel ist (Ja nach Meinung des SCCS[65]), und das traditionelle, natürliche Färbemittel bekommt gänzlich unverschuldet negative Propaganda ab. Ein Beispiel: „Fünfjähriger verätzt sich im Urlaub Haut mit Henna-Tattoo" titelte die Online-Krone 2010[66]. Das behandelnde Krankenhaus wird dazu zitiert: „Das Material, mit dem das Tattoo gezeichnet wurde, war höchstwahrscheinlich vergiftet." Nicht einmal der wesentliche Zusatz „schwarzes" Henna-Tattoo kommt vor; dass tatsächlich Phenylendiamin zum Einsatz kam und die Probleme verursachte, lässt sich aus dieser Darstellung beim besten Willen nicht herauslesen.

Als deutliches Indiz dafür, dass hier tatsächlich Anti-Natur-Lobbyismus (beziehungsweise rücksichtsloser Lobbyismus in Sachen eigener Profitinteressen) am Werk ist, lässt sich die davor gültige Formulierung heranziehen: „Erzeugnis kann eine allergische Reaktion hervorrufen. Enthält Phenylendiamin."[67] Definitiv zu wenig Warnung, dafür kommt man aber sofort auf den Punkt und nennt den Täter. Man hätte den Warnhin-

[64] *ebd.*

[65] *SCCS/1511/13: „Henna ... wird ... als sicher für den Verbraucher erachtet." S. 38*

[66] *http://www.krone.at/ Oesterreich/Fuenfjaehriger_veraetzt_sich_im_Urlaub_ Haut_mit_Henna-Tattoo-Material_vergiftet-Story-214119, abg. am 10.8.2015*

[67] *Text laut Kosmetikverordnung vor der oben zitierten Änderung*

weis ja auch anders formulieren können: „Enthält Phenylendiamine. Dieses Haarfärbemittel kann schwere allergische Reaktionen hervorrufen. Sehen Sie insbesondere von einer Verwendung ab, wenn Sie schon einmal auf Phenylendiamin eine allergische Reaktion hatten, z. B. nach dem Anbringen einer temporären Tätowierung mit Paraphenylendiamin (häufig irreführend als ‚schwarzes Henna' oder ‚black henna' bezeichnet)." Geschehen ist indes ziemlich genau das Gegenteil: Die Warnungen vor „schwarzem Henna" werden laufend auf weitere Zutaten in Haarfärbemitteln ausgeweitet, mehr als 20 bisher[68]. Der gesetzlich vorgeschriebene Text für diese Stoffe mit Hinweis auf das Allergierisiko und dem Verbot der Anwendung unter 16 ist gleichlautend, lediglich der Hinweis „enthält Phenylendiamine (Toluylendiamine)" fehlt häufig – in der Regel dann, wenn zwar der Wortbestandteil „amin" in der chemischen Bezeichnung zu finden ist, aber eben nicht Phenylen- oder Toluylendiamin. Dr. Gromann begründet das so: „Betreffend der Warnhinweise bei den oxidativen Haarfärbemitteln ist anzumerken, dass es durch die Anwesenheit einer Aminogruppe in Para-Stellung zu Kreuzreaktionen kommen kann." Mit anderen Worten: Ist man erst einmal auf eine der Substanzen sensibilisiert, steigt das Risiko deutlich, auch auf chemische Verwandte allergisch zu reagieren.

Die Warnhinweise mögen gut gemeint sein und auch schon das eine oder andere Mal Menschen vor Schaden bewahrt haben – ihrem Wesen nach sind sie „gesetzliches Make-up", mit dem das eigentliche Problem überdeckt wird. Auf die Spitze getrieben wird der Etikettenschwindel mit Eintrag 292 im Anhang III der Verordnung 2015/1190[69], einer der laufenden Änderungen der Kosmetikverordnung. Mit dieser Änderung gelangte nämlich das weiter oben vorgestellte „revolutionäre" ME+ auf den Anhang III, der Liste für eingeschränkt verwendbare Stoffe. Einmal mehr wird der vorgeschriebene Warnhinweis heruntergebetet, zuletzt fehlt aber bei diesem Stoff der Hinweis: „Enthält Phenylendiamine" – und das lang-

[68] Verordnung (EU) Nr. 658/2013 vom 10. Juli 2013; 2,2'-[(4-Aminophenyl)imino]bis(ethanol)sulfat; 4-Chlororesorcinol; Tetraaminopyrimidine Sulfate; 5-Amino-4-chlor-2-methylphenolhydrochlorid usw.

[69] VERORDNUNG (EU) 2015/1190 vom 20. Juli 2015

sam berüchtigt werdende Wort muss demzufolge auch nicht auf die Verpackung gedruckt werden. Der eben aufgestellten Regel zufolge hieße das, ME+ enthalte eine Aminogruppe, aber eben kein Phenylen- oder Toluylendiamin. Nun steht ME+ aber für 2-Methoxymethyl-p-Phenylenediamine bzw. 2-Methoxymethyl-p-Phenylenediamine Sulfate ... Da muss es sich wohl um eine zufällige Namensgleichheit handeln?

Der Gesetzgeber muss sich in diesem Zusammenhang die Kritik gefallen lassen, den Wünschen der Industrie allzu kniefällig nachzugeben. Sehr deutlich wird das nicht zuletzt anhand der EU-Haarfärbestrategie, derzufolge eine Positivliste für Kosmetikzutaten die ständig wachsenden Verbotslisten[70] ersetzen soll. An sich ein begrüßenswertes Vorgehen, da man mit stoffbezogenen Verboten grundsätzlich immer der Realität hinterherhinkt (man denke an illegales Doping oder den Markt mit Designerdrogen – kommt eine Substanz auf die schwarze Liste, wird einfach eine wirkungsähnliche eingesetzt, die nicht verboten ist, weil der Gesetzgeber sie gar nicht kennt). Dass zwischen dem Beschluss (2002) und der Umsetzung (Stand 2016: fast fertig) Jahre ins Land gezogen sind, ist gelinde gesagt bedauerlich. Dass schließlich das „erhebliche Sorge um die Verbrauchersicherheit"[71] verursachende Phenylendiamin bereits auf die Positivliste gekommen ist, dem vom SCCS als „sicher" eingestuften Henna diese Zulassung aber noch fehlt, spricht wohl für sich selbst. Nicht, dass Henna keine Erwähnung finden würde: Gezählte 183-mal kommt das Wort „Henna" in der EU-Kosmetikverordnung vor (Stand August 2015). Allerdings ist genau null Mal damit Henna gemeint, die Pflanzen(haar)farbe: Jedes einzelne Mal wird vor „schwarzem Henna" gewarnt. Das sind 183 Fälle, in denen der Gesetzgeber der Industrie in die Hände spielt – zu Lasten kleinerer Anbieter von Naturkosmetik und unter Missachtung der Warnungen des EU-eigenen wissenschaftlichen Komitees.

[70] *Stand 28.6.2016: 1379 in Kosmetik verbotene Stoffe (Anhang II), 288 „Stoffe, die kosmetische Mittel nur unter Einhaltung der angegebenen Einschränkungen enthalten dürfen" (der für unseren Kontext so bedeutende Anhang III); dem stehen 153 zugelassene Farbstoffe (Anhang IV), 59 zugelassene Konservierungsmittel (Anhang V) und 31 zugelassene UV-Filter gegenüber (Anhang VI).*

[71] *SCCS/1443/11, S. 66*

Der Hang zum Etikettenschwindel hat System: Spätestens seit dem 1. Juni 2015 müssen alle Stoffe und Zubereitungen nach GHS[72] gekennzeichnet werden. An die Stelle der schwarzen Piktogramme auf orangefarbenem, quadratischem Grund traten neue Gefahrensymbole, auf die Spitze gestellte weiße Quadrate mit rotem Rand und teils neuen Piktogrammen. Das altbekannte Andreaskreuz etwa, das weitestgehend absurderweise auf den Etiketten etlicher ätherischer Öle unübersehbar anzubringen war und anzeigte, dass es sich um einen gesundheitsschädlichen Stoff handelt, der „beim Verschlucken, Einatmen oder durch Aufnahme über die Haut beim Menschen akute oder chronische Gesundheitsschäden hervorrufen"[73] könne, wich dem neuen Symbol GHS08 „Gesundheitsgefahr". (Der Umriss eines Menschen, dem es die Brust zerreißt, prangt jetzt z.B. auf Fläschchen mit ätherischem Rosmarinöl ...) Geblieben ist etwa der universal verständliche Totenkopf mit gekreuzten Knochen für „giftige oder sehr giftige" Stoffe.

Nun ist es zwar tatsächlich alles andere als ratsam, sich hochkonzentrierte ätherische Öle fläschchenweise hinter die Binde zu kippen, aber vor dem Einatmen von Stoffen zu warnen, die für die Aromalampe gedacht sind, verdeutlicht doch recht eindrucksvoll, wie weit hier über das sinnvolle Ziel einer seriösen Konsumentenaufklärung hinausgeschossen wurde. Betrachtet man nun Kosmetikfertigprodukte, die kennzeichnungs-

....

[72] *„Das Global harmonisierte System zur Einstufung und Kennzeichnung von Chemikalien (GHS, englisch Globally Harmonized System of Classification, Labelling and Packaging of Chemicals) der Vereinten Nationen ist ein weltweit einheitliches System zur Einstufung von Chemikalien sowie deren Kennzeichnung auf Verpackungen und in Sicherheitsdatenblättern." https://de.wikipedia.org/wiki/Global_harmonisiertes_System_zur_Einstufung_und_Kennzeichnung_von_Chemikalien, abg. am 14.6.2016*

[73] *Xn, n für „noxious", schädlich. https://de.wikipedia.org/wiki/Gesundheitssch%C3%A4dliche_Stoffe, abg. am 14.6.2016*

pflichtige Gefahrstoffe enthalten, gelten wiederum gänzlich andere Regeln, die eher den Wunsch nach mehr Konsumentenaufklärung entstehen lassen. Nehmen wir uns z.B. ein toluylendiaminhältiges Produkt eines großen Herstellers vor, das überall im Drogeriehandel erhältlich ist. Abgesehen vom Produktnamen und ein wenig Design-Schnickschnack auffälligstes Element der mit winzigen Buchstaben übersäten Umverpackung (der von der EU vorgeschriebene Warnhinweis in acht Sprachen sowie die INCI-Inhaltsdeklaration[74]) ist ein Schriftzug, der reine Natur verspricht. Nun ja. Innen findet sich dann ein Beipacktext, der weitere Warn- und Sicherheitshinweise (Hautverträglichkeitstest durchführen, kann eine langfristige Augenverletzung verursachen, ...) enthält – allerdings klassisch als Kleinstgedrucktes ausgeführt und das Gegenteil von augenfällig: Es gibt ausschließlich Schwarz auf Weiß, gefühlt eine Million Buchstaben und ein schüchternes Warndreieck.

Die Anzahl der auf der Umverpackung, dem Produkt und dem Beipacktext abgebildeten Gefahrensymbole beträgt genau: 0 (null).

Willi hat sich die Mühe gemacht und die problematischen Inhaltsstoffe[75] aufgelistet samt den dazugehörigen Warnhinweisen. Sein Resultat:

[74] *International Nomenclature of Cosmetic Ingredients, Internationale Nomenklatur für kosmetische Inhaltsstoffe*

[75] *Toluene-2,5-Diamine Sulfate, Sodium Lauryl Sulfate, Resorcinol, 2-Amino-4-Hydroxyethylaminoasisole Sulfate, m-Aminophenol, 2-Methylresorcinol, 1-Hydroxyethyl 4,5-Diamino Pyrazole Sulfate, Disodium EDTA, 2-Amino-6-Chloro-4-Nitrophenol, Polyquaterium-22*

Wäre jede einzelne enthaltene Chemikalie mit sämtlichen anzuwendenden Gefahrstoffpiktogrammen zu kennzeichnen, betrüge die Anzahl: 21 (einundzwanzig) – darunter zwei Totenköpfe und vier explodierende Körper.

Betrüge, weil Stoffe in Gemischen erst ab einer spezifischen Mindestmenge kennzeichnungspflichtig sind und das jeweils höchstrangige Gefahrenzeichen immer nur einmal angeführt wird. Warum den Konsumentinnen und Konsumenten beim Griff zum Gefahrstoff-Kosmetikum der Anblick eher nicht umsatzförderlicher drastischer Warnhinweise aber gänzlich erspart bleibt?

Das ist leicht erklärt: Entspricht ein Produkt der Kosmetikverordnung, ist es von der Kennzeichnungspflicht nach GHS ausgenommen. Einfach so.

Der ganzen EU-Kosmetikverordnung fehlt im Übrigen der Weitblick: Ökologie war nie ein Thema im Zuge der Entwicklung der EU-Kosmetikverordnung. Dass Phenylendiamin, wie erwähnt, „sehr giftig für Wasserorganismen mit langfristiger Wirkung" ist, sollte angesichts von Klima- und Umweltproblemen weitaus mehr Beachtung finden. Die Umwelt zu vergiften, in der die Verbraucher/-innen leben, lässt sich schwerlich mit einem wirksamen Schutz der Konsumierenden vereinbaren.

Naturkosmetik boomt – wenn sie echt ist

Die gute Nachricht: Es gibt eine Alternative, und sie erfreut sich steigender Beliebtheit. Naturkosmetik ist der mit Abstand am schnellsten wachsende Teilbereich im Geschäft mit der Körperpflege und auf dem Weg zum Big Business: Laut dem „Naturkosmetik Branchenmonitor[76]" knackte der Um-

[76] Der Naturkosmetik Branchenmonitor ist ein Gemeinschaftsprojekt des Naturkosmetik-Verlags mit den führenden Marktforschungsunternehmen GfK, IRI, BioVista, IMS Health. http://www.naturkosmetikverlag.de/de/naturkosmetik-branchenmonitor.html, abg. am 23.11.2015

satz mit „kontrollierter Naturkosmetik" in Deutschland 2014 erstmals die Marke von einer Milliarde Euro und liegt bei 7,8 Prozent Anteil am gesamten deutschen Kosmetikmarkt von 13 Milliarden Euro. Der Umsatzzuwachs im Vergleich zu 2013 betrug weit überdurchschnittliche zehn Prozent: das Fünffache des Umsatzzuwachses von Kosmetik insgesamt. Der eindeutige Verlierer ist indes die sogenannte „naturnahe" Kosmetik, die es gerade einmal auf ein Prozent Zuwachs bringt.

Beim Griff zu einem neuen Produkt bevorzugen die Konsumentinnen und Konsumenten also Kosmetik, die klar als echte (kontrollierte, zertifizierte) Naturkosmetik erkennbar und deklariert ist. Synthetische Kosmetik liegt weit abgeschlagen auf dem zweiten Platz, aber immer noch vor „naturnaher" Kosmetik. Weil diese schon rein begrifflich kaum zuordenbar ist und den Verbraucherinnen als unbekannte Größe erscheint? Tatsächlich reicht die Bandbreite „naturnaher" Kosmetik von Beinahe-Naturkosmetik bis Praktisch-wie-Chemiekosmetik und kann ebenso gut Ausdruck unternehmerischer Ehrlichkeit sein – wir bemühen uns um einen möglichst hohen Anteil Natur, können oder wollen auf manche synthetischen Stoffe aber nicht verzichten – wie auch ein klassisches grünes Mäntelchen („enthält 100 % naturreine Kräuterextrakte". Schön. Und was sonst noch?).

Angesichts erstaunlicherweise immer noch existierender Angebote wie „naturnahe Oxidationshaarfarbe mit Goldhirse und Kräuterextrakten. Ohne Ammoniak, Parabene, Paraffine, Silikone, Resorcin und Formaldehyd"[77] – dafür aber mit p-Phenylenediamine, Tetrasodium EDTA[78], 4-Chlororesorcinol[79], 2-Amino-4-Hydroxyethylaminoanisole Sulfate[80] und diversen anderen Zutaten, die aber schon rein gar nichts mit Natur zu tun haben – wird die geringe Akzeptanz pseudogrüner Produkte seitens der Konsumierenden nur zu gut verständlich. Der daraus ableitbare Wunsch nach Ehrlichkeit und Klarheit ist alles andere als neu: Willi etwa versah im Bestreben, genau diese Transparenz anzubieten, seine Kosmetika von Anfang an mit einer Volldeklaration, d. h. wie seit 1997 vorgeschrieben gemäß INCI und zusätzlich und freiwillig mit deutschsprachigen Bezeichnungen (z. B.: Oenothera Biennis Oil – Nachtkerzenöl).

Die Crux dabei: Es gibt Zigtausende Kosmetikinhaltsstoffe (bis zu 24.000 laut aktuellen Schätzungen) – ein unüberschaubares Dickicht, in dem sich von einigen wenigen mit ausgewiesenem Expertenwissen vielleicht abgesehen so ziemlich jede/r verläuft. Um hier einen Ausweg zu finden, wurden Labels geschaffen: Standards mit seitenlangen, komplexen Anforderungskatalogen, mit denen sich Konsumierende aber nicht zu belasten brauchen – auf den Produkten prangt einfach nur ein Logo. Das war zwar ein durchaus gut gemeinter Ansatz, führte aber recht bald zu einer neuen Art von undurchschaubarem Dickicht, dem Labeldschungel, in dem man die Grundsatzfrage leicht aus den Augen verlieren kann: Was eigentlich ist Naturkosmetik?

[77] Quelle dem Herausgeber bekannt.

[78] http://www.codecheck.info/inhaltsstoff/Tetrasodium-Edta: „Konservierungsmittel; für Naturkosmetika nicht geeignet; schwächt Zellmembranen, umweltrelevanter Stoff"; abg. am 15.6.2016

[79] http://www.codecheck.info/inhaltsstoff/4-Chlororesorcinol: „Farbstoff, Haarfärbemittel; für Naturkosmetika nicht geeignet; aromatisches Amin/Phenol, halogenorganische Substanz. Halogenorganische Verbindungen sind eine Gruppe von mehreren tausend Stoffen, die Brom, Jod oder (meist) Chlor enthalten. Viele gelten als allergieauslösend, manche erzeugen Krebs, fast alle reichern sich in der Umwelt an. (...) 22 aromatische Amine sind inzwischen EU-weit zum Färben von Textilien verboten." Abg. am 15.6.2016

[80] Dieser „Haarfärbestoff in oxidativen Haarfärbemitteln" (Verordnung (EU) Nr. 1197/2013), CAS-Nummer 83763-48-8, wird in der EU-Kosmetikverordnung wie p-Phenylendiamin geführt: mit Angabe der erlaubten Höchstkonzentration und vorgeschriebenen Warnhinweisen von kann „schwere allergische Reaktionen auslösen" über „nicht für Personen unter 16 Jahren bestimmt" bis zum anscheinend unvermeidlichen Verweis auf das „schwarze Henna".

Beim Versuch einer Antwort auf diese trügerisch einfache Frage gerät man leicht vom Hundertsten ins Tausende, zumal es keine einheitliche Definition von „Naturkosmetik" gibt, sondern eine Vielzahl von Standards und Labels. Zunächst benötigt man eine begriffliche Grundausstattung: Als Zutaten für echte Naturkosmetik kommen natürliche, naturnahe sowie naturidente Stoffe infrage. „Natürlich" meint dabei unveränderte Naturstoffe, die mit erlaubten Verfahren gewonnen wurden, „naturnah" natürliche Stoffe, die mit erlaubten (chemischen) Mitteln verändert wurden, und „naturident" synthetisch hergestellte Stoffe, die aber in identischer Form in der Natur vorkommen. Weiters muss man zwischen Naturkosmetik und Biokosmetik (=Naturkosmetik, deren Inhaltsstoffe zu bestimmten Anteilen aus kontrolliert biologischem Anbau stammen) unterscheiden. Aber Achtung: Während in zertifizierter Naturkosmetik durchaus naturnahe Inhaltsstoffe (z.B. Coco-Glucoside) eingesetzt werden können, entspricht „naturnahe Kosmetik" als Ganzes nicht den Anforderungen der jeweiligen Naturkosmetikstandards – siehe obiges Beispiel einer „naturnahen Oxidationshaarfarbe".

Wie auch immer diese Anforderungen im Einzelnen aussehen und bevor wir uns in den Labeldschungel wagen, ist es an dieser Stelle wichtig, die Perspektive zu bewahren. „Allen Naturkosmetik-Zertifizierungen ist gemein, dass sie Rohstoffe auf Erdölbasis, Silikone, gentechnisch veränderte Organismen, radioaktive Bestrahlung und synthetische Fette, Öle, Farb- und Duftstoffe untersagen. Die Inhaltsstoffe von Naturkosmetik stammen aus natürlichem Ausgangsmaterial und werden in definierten, erlaubten Herstellverfahren gewonnen. Zugelassene Konservierungsmittel sind in den jeweiligen Standards gelistet."[81] Und auch wenn das so selbstverständlich sein mag, dass es in dieser Definition nicht eigens erwähnt wird: Hormonell wirksame Stoffe, hochreaktive Stoffe wie Azo-Farbstoffe, Formaldehyd-Abspalter oder Antioxidantien wie BHT[82] und BHA[83] und was dergleichen Problemstoffe mehr in Nicht-Naturkosmetik eingesetzt wird, muss draußen bleiben. Für Rita

[81] *Ges. f. angewandte Wirtschaftsethik: „Raus aus dem Label-Dschungel". S. 7*

[82] *Butylhydroxytoluol (BHT) wird in großen Mengen hergestellt und kommt in zahlreichen Verbraucherprodukten zum Einsatz, darunter als Lebensmittelzusatzstoff E 321. Im Tierversuch mit hohen Dosen traten Probleme mit der Blutgerinnung auf, im Langzeitversuch wurde die Bildung von Lebertumoren beobachtet. Die „International Agency for Research on Cancer" hat BHT als nicht klassifizierbar eingestuft. https://de.wikipedia.org/wiki/Butylhydroxytoluol, abg. am 14.4.2016*

[83] *Auch Butylhydroxyanisol (BHA) ist ein synthetisch hergestelltes Antioxidans und verhindert als Lebensmittelzusatzstoff E 320 das Ranzigwerden von zahlreichen Fertigprodukten. Hohe Dosierungen führten im Tierversuch zu Magen- und Leberkrebs, zudem bestehen wegen eines allergenen Potenzials gesundheitliche Bedenken. https://de.wikipedia.org/wiki/Butylhydroxyanisol, abg. am 14.4.2016*

Stiens, Autorin von „Die Wahrheit über Kosmetik", ist das „der größte Vorteil von Naturkosmetik".[84]

Wir dürfen als kleinsten gemeinsamen Nenner festhalten: Naturkosmetik ist dank des Verzichts auf die problematischsten Stoffe frei von gesundheitlich hochbedenklichen Zutaten und deutlich weniger umweltschädlich als konventionelle Chemiekosmetik. Mit diesem Wissen im Hinterkopf dringen wir nun ein ins Dickicht der Zertifizierungen.

....

[84] *http://www.spiegel.de/wirtschaft/gruene-kosmetik-naturkosmetik-inhaltsstoffe-wichtige-fragen-a-989514.html, abg. am 19.2.2016*

Im Labeldschungel

Obwohl man sich seit Jahrzehnten darum bemüht[85], existiert bis heute keine einheitliche Definition dessen, was als Naturkosmetik bzw. Biokosmetik gelten kann. Und auch wenn tatsächlich bis 2017 ein einheitlicher europäischer Standard entstanden sein sollte, würde das kaum die bestehende Verwirrung beseitigen. Denn mangels einer einheitlichen Definition sind über die Jahre Umwelt-, Prüf-, Güte- und Regionalzeichen sowie Eigenmarken-Labels sonder Zahl entstanden, die wohl kaum über Nacht verschwinden werden – zumal wenn der Einheitsstandard niedriger gelegt werden würde, als es bereits bestehenden Labels entspricht. Wovon leider auszugehen ist: Die Rede in gewöhnlich gut unterrichteten Krei-

....

[85] *„Im Jahr 1993 schlug das Bundesgesundheitsministerium eine Definition vor ... im Jahr 2000 ... auch der Europarat." https://de.wikipedia.org/wiki/Naturkosmetik#Definition_und_Bem. C3.BChungen_um_einheitliche_Standards, abg. am 23.11.2015*

sen ist davon, dass die EU eine ISO-Norm für Naturkosmetik einführen möchte, derzufolge 50 Prozent der Wirkstoffe Natur sein müssen. Das hieße nichts anderes, als dass die sogenannte naturnahe Kosmetik zur Naturkosmetik geadelt, das vielzitierte grüne Mäntelchen zur Norm erhoben werden würde.

Doppelt bedauerlich ist das, weil Einheitlichkeit dringend not täte: Angesichts von mehr als 1.000 Kennzeichnungen[86] ist die an sich gute Idee, mit Labels als Marktinformationsinstrumenten für mehr Transparenz zu sorgen, weitgehend an sich selbst erstickt. Was genau jeweils hinter den Etiketten steckt, wird auf den Online-Auftritten der verantwortlichen Organisationen zwar mehr oder minder transparent gemacht, aber wer kann oder will schon vor jedem Erwerb einer Hautcreme seitenlange Kriterienkataloge mit Stofflisten, Verfahrensvorschriften, erlaubten und untersagten stofflichen Eingriffen durchforsten, womöglich in einer der Kundin unbekannten Sprache oder so fachchinesisch formuliert, dass es sich dem Laien einfach nicht erschließt? Wenn man z.B. weiß, dass Wasser in Biokosmetik durch „Deionisierung (Ionenaustausch, Destillation, Umkehrosmose), Abkochen oder Filtration aufbereitet werden kann", nicht aber durch „ionisierende Bestrahlung und elektrochemische Behandlung"[87] – was, einschlägig Informierte ausgenommen, weiß man dann wirklich?

[86] Umweltbüro Berlin-Brandenburg, „Ökolabel für Naturkosmetik", S. 10.

[87] Österreichisches Lebensmittelbuch, Kapitel A 8, S. 32

Von derartigen technischen Details abgesehen, ist es auch keinesfalls immer offenkundig, wofür ein Label grundsätzlich steht: Es gibt Labels, die soziale und/oder ökonomische und/oder ökologische Kriterien berücksichtigen, Labels für Produkte und Produktgruppen, Labels für Tierschutz, Labels, die Gesundheitsaspekte einbringen, ja sogar Labels für Labels: „Das Zeichen bestätigt also, dass ein Hersteller seine selbst gesetzten Anforderungen erfüllt", heißt es etwa in „Ökolabel für Naturkosmetik" über Eco-Control. Last but not best gibt es auch noch „Labels", die das Umweltbüro Berlin-Brandenburg als „irreführende Auslobungen" auflistet: Darunter fallen Etikettierungen von „dermatologisch getestet" über „hypoallergen" bis zu „ECARF Quality Tested – Qualitätssiegel allergikerfreundliche Kosmetik"[88]. Auch die in den letzten Jahren recht populär gewordene Vegan-Blume zählt für das Umweltbüro zu dieser Kategorie: „Die Vegan Blume sagt leider nichts über die Herkunft der pflanzlichen Bestandteile und deren Zusammensetzung aus."[89]

Die Labels sind vor allem auch ein lukratives Geschäft. Der Bundesverband der Industrie- und Handelsunternehmen (BDIH) etwa, geführt als Non-Profit-Organisation, hebt allein mehr als 450.000 Euro an Mitgliedsbeiträgen ein, dazu kommt ca. ein Prozent des Jahresumsatzes von jedem BDIH-gelabelten Produkt – mit Stand 2014 waren das 8.800, was das BDIH-Label zum meistgenutzten Naturkosmetik-Siegel macht. Ein Prozent des Gesamtmarkts für Naturkosmetik summiert sich in Deutschland auf zehn Millionen Euro, den größten Brocken davon streift der Bundesverband ein. Andere Labels sind an sich kostenlos, z.B. das strenge österreichische (Zertifizierte Bio-Kosmetik mit Austria Bio Garantie). Dafür müssen die Unternehmen bei diesem Label für die vorgeschriebenen regelmäßigen Überprüfungen bezahlen.

So weit, so verwirrend. Halten wir also kurz inne und führen an, welche der zahlreichen Labels für uns von Bedeutung sind, da sie für zertifizierte Naturkosmetik stehen. Greenpeace Österreich[90] listet folgende Siegel als glaubwürdig auf: BDIH, NaTrue, Ecocert, Zertifizierte Bio-Kosmetik mit Austria Bio Garantie, demeter. Als wichtigste Label für zertifizierte Naturkosmetik in Deutschland gelten BDIH, NaTrue, Cosmos, Ecocert, Icada, Naturland, demeter und NCS[91].

Willi hat zu diesem Thema wenig überraschend eine deutlich kritischere Haltung: Diverse Labels lassen

[88] Umweltbüro Berlin-Brandenburg, „Ökolabel für Naturkosmetik", S. 44. Dieses Siegel legt den Ausschluss von Stoffen mit Allergierisiko nahe, das ist aber nicht der Fall: Es gibt keinerlei Positiv- oder Negativliste von Inhaltsstoffen. Vielmehr werden Rezepturen vorgelegt, eine Allergierisikobewertung vorgenommen und das Produkt an „20! Patienten mit Neurodermitis" getestet.

[89] ebd. Die weiter oben angeführte „naturnahe Oxidationshaarfarbe" wirbt übrigens ebenfalls damit, vegan zu sein, der Hersteller hat eigens zu diesem Zweck sein eigenes Vegan-Siegel aufgelegt.

[90] http://www.greenpeace.org/austria/de/marktcheck/themen/kosmetik/konsum/Naturkosmetik/; abg. am 19.8.2015

[91] Ges. f. angewandte Wirtschaftsethik: „Raus aus dem Label-Dschungel"

Zutaten zu, die sich mit seiner Vorstellung von konsequenter Naturkosmetik nicht vereinbaren lassen. Eine andere weit verbreitete Schwäche vieler Labels ist der Umstand, dass die oft durchaus strengen Kriterien nur von einem Teil der Produkte erfüllt werden müssen, um die gesamte Produktpalette als zertifizierte Naturkosmetik anpreisen zu können. Bei NaTrue etwa, der etwas undurchschaubaren Antwort etlicher namhafter Anbieter von Naturkosmetik auf das als industrienah geltende BDIH-Label, gilt diesbezüglich eine 75-Prozent-Regel[92]. Das bedeutet in der Praxis: Entsprechen drei Haarshampoos einer Marke dem Standard, ein viertes aber nicht, kann es trotzdem das NaTrue-Label tragen. NaTrue stellt nichtsdestotrotz gegenüber BDIH wohl einen Fortschritt dar – Willis Ansprüchen genügt es nicht. Und auch sonst kein Label.

Denn: Labels sind ihrer Natur nach ein Kompromiss und Willi ist keiner, der sich gerne auf derlei einlässt. Abgesehen davon haben haben Konsumierende trotz aller Labels in letzter Konsequenz nur eine echte Chance, über die Inhaltsstoffe von Kosmetik wirklich Bescheid zu wissen: die Volldeklaration, vorzugsweise auch auf Deutsch, wie sie Willi schon seit jeher für alle seine Produkte anbietet, samt der Möglichkeit, sich über jeden einzelnen Inhaltsstoff zu informieren. Womit wir in Sachen markttauglicher Konsumentenaufklärung allerdings wieder am Anfang stehen, bei der Frage, wie man 20.000+ Substanzen ernsthaft einschätzen soll – en passant im Supermarktregal?

Es gibt heute in Form von Apps, INCI-Testern[93], Produkt-Checkern[94] und anderen Infoseiten für „Kosmetik auf dem Prüfstand"[95] bessere Antworten auf diese Frage als je zuvor. Dennoch wird selbst der mündigste Konsument irgendwann an den Punkt

[92] *Ganz genau (und schmerzhaft leseunfreundlich) gesagt müssen „mindestens 75 % aller Einzelprodukte (im Sinne von Rezepturen) einer abgrenzbaren Serie von Produkten derselben Marke (im Sinne von Markenname und Markenkommunikation) als Natur- oder Biokosmetik zertifiziert" sein („NATRUE-Label: Anforderungen an Natur- und Biokosmetika". Version 3.3 – 22. 12. 2015, Punkt 1.3.3.). Die Anforderungen werden nach 13 Produktkategorien differenziert, Auszeichnungen in drei Zertifizierungsstufen vergeben: Naturkosmetik, Naturkosmetik mit Bioanteil und Biokosmetik. Für den Konsumenten ist es in der Regel allerdings nicht möglich, die Zertifizierungsstufe zu erkennen, es sei denn mittels eines QR-Code-Lesegeräts …*

[93] *https://www.bio-kosmetika. com/servlet/dispatcher?- map=inci_input&lang=de, abg. am 22. 2. 2016*

[94] *http://www.codecheck.info/, abg. am 22. 2. 2016*

[95] *http://www.kosmetik-check. de/incisuche_de.php, abg. am 22. 2. 2016*

gelangen, an dem er den Angaben der Hersteller bzw. Label-
vergabe-Organisationen einfach glauben muss. Deshalb ist
der Kauf von Naturkosmetik nicht zuletzt in einem hohen
Maß Vertrauenssache.

Naturkosmetik
ohne Wenn und Aber

Willi Luger gelangte in den 1990er-Jahren, vor dem Aufkommen der Labelflut, zu einer ähnlichen Schlussfolgerung und
wählte den denkbar transparentesten und grundlegendsten
Ansatz – Naturkosmetik, die genau das bestmöglich erfüllt,
was man sich in einer grundanständig gedachten Welt ganz
laienhaft darunter vorstellt: konsequent ehrlich, konsequent
natürlich. Gezwungenermaßen war Willi zum Kosmetik-Ent-
wickler, -Erzeuger und -Verkäufer geworden – die Kosmetik,
die er sich vorstellte, war auf dem Markt ja nicht zu finden.
Das zwang ihn aber auch dazu, unternehmerisch zu denken.
Er erkannte mit dem Aufkommen der ersten Kennzeichnungen, dass Labels quasi eine Verkaufsgarantie eingebaut hatten, die er nicht ignorieren konnte: So klar seine INCI-Vollde-
klarationen auch sind und waren, Labels fallen natürlich weit
mehr ins Auge und vermitteln das beruhigende Gefühl von
Informiertheit; im guten Glauben greift die Kundschaft bevorzugt zu allem, was irgendein (Naturnähe suggerierendes)
Label ziert.

Willis Problem: Es gab kein Zertifikat, das dem Qualitätsstan-
dard seiner Biokosmetik angemessen war. So entwarf er kurzerhand sein eigenes Gütesiegel: Ein Stempel mit „Codex Ali-
mentarius" verwies auf das altehrwürdige, aber nach wie vor
gültige Österreichische Lebensmittelbuch, in dem seit jeher
die heimischen Kosmetikrichtlinien geregelt sind. „Eine nette

Idee" sei das gewesen, meint dazu heute die Co-Geschäftsführerin Katharina Kronsteiner schmunzelnd, „die jedoch weiter abgesichert hätte werden müssen, um Gültigkeit als Label zu erlangen." Auch so nahm Willi damit die österreichische Lösung quasi vorweg. 2010 zog der Gesetzgeber nach und legte fest, was für Naturkosmetik[96] und Biokosmetik[97] verwendet werden darf. „Österreich ist das erste Land weltweit, das einen amtlichen Rahmen für die Herstellung und Kennzeichnung von Kosmetika mit einem Hinweis auf biologische Landwirtschaft eingeführt hat" und liefert damit eine (für Österreich gültige) „einheitliche Definition, was Natur- und was Biokosmetik ist" – auch das etwas, was es sonst nirgendwo gibt.[98]

Was genau garantiert das Label „Zertifizierte Bio-Kosmetik mit Austria Bio Garantie"? Zunächst, dass es sich um Kosmetik gemäß bestehendem Recht handelt, also alle Bestimmungen der Kosmetikverordnung, der Kosmetikkennzeichnungsverordnung und der Verordnung über Kontrollmaßnahmen betreffend kosmetische Mittel eingehalten werden, um nur die wichtigsten zu nennen. Damit werden etwa die korrekte Inhaltsdeklaration, die ordentliche Herstellungspraxis und, ein heikler Punkt in der Naturkosmetik, der verpflichtende Einsatz von Konservierungsmitteln gewährleistet. Zudem gilt bereits auf dieser Stufe das EU-weite Verbot von Tierversuchen an kosmetischen Fertigprodukten und das in Österreich bestehende Verbot von Tierversuchen an Bestandteilen kosmetischer Mittel. Stufe zwei des Standards bildet das Codexkapitel B33, das die Anforderungen an Naturkosmetik regelt, überprüft von der Prüf- und Zertifizierungsstelle AgroVet. Kernaussage: „Naturkosmetika sind Erzeugnisse, die (...) ausschließlich aus Naturstoffen (...) bestehen", definiert als „Stoffe pflanzlichen, mineralischen und gewisse Stoffe tierischen Ursprungs[99]". Weiters ist geregelt, nach welchen Verfahren Inhaltsstoffe gewonnen und weiterverarbeitet werden

[96] Österr. Lebensmittelbuch, Codexkapitel B 33

[97] Österr. Lebensmittelbuch, Kapitel A8, Abschnitt 6

[98] Ges. f. angewandte Wirtschaftsethik.: „Raus aus dem Label-Dschungel", S. 14

[99] „Bestandteile von Wirbeltieren dürfen verwendet werden, sofern sie unter Beachtung tierschutzrechtlicher Bestimmungen von lebenden Tieren gewonnen werden. Bestandteile von toten Wirbeltieren dürfen nicht verwendet werden." Österr. Lebensmittelbuch, Codexkapitel B 33, S. 6. Beispiele für derartige Inhaltsstoffe: Milch, Honig oder z. B. Lanolin (Wollfett).

dürfen: „nur klassische physikalische (...)" sowie für die Herstellung von Emulgatoren und Tensiden aus Naturstoffen „mikrobiologische oder enzymatische Methoden" sind erlaubt. Das Codexkapitel listet sechs Stoffe auf, die zur Konservierung von Naturkosmetik auch in „natur-identer Qualität[100]" zulässig sind: Ameisensäure (INCI: Formic Acid), Benzoesäure (Benzoic Acid), Benzylalkohol (Benzyl Alcohol), Propionsäure (Propionic Acid), Salizylsäure (Salicylic Acid) und Sorbinsäure (Sorbic Acid).

Auch wenn das Codexkapitel weitgehend positiv formuliert ist, kommt es nicht ganz ohne Verbote aus. Explizit untersagt wird die Verwendung gentechnisch veränderter Stoffe, detto jene von „synthetischen Farbstoffen, ethoxilierten Rohstoffen, Silikonen, Paraffinen und anderen Erdölprodukten" sowie der Einsatz „ionisierender Strahlung (radioaktive Strahlung, Röntgenstrahlung), z. B. zur Entkeimung"[101].

Die sorgsame Einhaltung aller Vorschriften erlaubt wie schon erwähnt die Auslobung als „„Naturkosmetik – geprüfte Codexqualität' u.ä. Bezeichnungen"[102]. Wer darüber hinaus mit Begriffen wie „Bio-" oder „Ökokosmetik" werben will, muss die Richtigkeit der Behauptung für das Produkt oder einzelne Bestandteile von der anerkannten Zertifizierungsstelle Austria Bio Garantie nachweisen lassen. Damit erreichen wir Stufe drei der „Zertifizierten Bio-Kosmetik mit Austria Bio Garantie", geregelt im Codexkapitel A8 des Österreichischen Lebensmittelbuchs[103]. „Biokosmetik" ist in Österreich, was diesem Kapitel entspricht. Der wesentliche Unterschied zu B33: Inhaltsstoffe pflanzlichen oder tierischen Ursprungs müssen zu 95 Prozent in Bioqualität vorliegen, 100 Prozent „sind anzustreben". Auch der Gesamtanteil der Bio-Bestandteile am Produkt in Gewichtsprozent ist geregelt und muss zwischen 20 Prozent (Seifen, Haarbehandlungsmittel u. a.) und 90 Prozent liegen (Öle und wasserfreie Reinigungs- und Pflegeprodukte; Wasser wird nicht zum Bioanteil hinzugerechnet).

[100] „Naturidente Stoffe sind chemisch definierte Stoffe, die durch chemische Verfahren gewonnen werden und mit einem Stoff chemisch gleich sind, der in einem Ausgangsstoff pflanzlicher oder tierischer Herkunft vorkommt." ebd.

[101] ebd., S. 5

[102] ebd., S. 8

[103] Österr. Lebensmittelbuch, Kapitel A8, S. 29–40

Im Großen und Ganzen decken sich NaTrue und der österreichische Standard, in einigen Punkten ist das Austria-Zertifikat aber strenger. So ist etwa der Einsatz von Nanopartikeln nicht gestattet und es gibt auch keine 75-Prozent-Regel: Jedes Produkt wird einzeln bewertet und nur jene, die die Kriterien erfüllen, dürfen auch das Siegel tragen.

CULUMNATURA ist einer der ganz wenigen Anbieter, die diesen wohl weltweit strengsten Anforderungen entsprechen. Tatsächlich also ein Naturkosmetik-Angebot, in das die Verbraucher/-innen in seiner Gesamtheit volles Vertrauen setzen können.

Gilt damit Label gut, Ende gut, alles gut? Ja und nein. Ja, weil zertifizierte Bio-Kosmetik mit Austria Bio Garantie tatsächlich einen Level definiert, der auch sehr kritischer Betrachtung standhält und weit über die Qualität der Inhaltsstoffe hinausgeht: „Umweltschonende nachhaltige Produktion, Bewahrung der Artenvielfalt, Schutz der natürlichen Ressourcen, Anwendung von hohen Tierschutzstandards, Produktion unter Verwendung natürlicher Bestandteile und einfache Herstellungsprozesse" wird als Zielsetzung der Biokosmetik-Richtlinie angegeben und in dem Regulativ auch weitestgehend umgesetzt.

Nein deshalb, weil selbst dieser Standard Schwächen hat: So werden Fairtrade und die Einhaltung sozialer Standards mehr hoffnungsvoll mitgedacht als explizit eingefordert. Auch die Formulierung „Für natürliche Stoffe und Gemische landwirtschaftlichen Ursprungs sind 100 Gewichtsprozente aus biologischer Produktion anzustreben. Ein Mindestanteil von 95 Gewichtsprozenten darf nicht unterschritten werden"[104] lässt ein Schlupflöchlein offen. Das mag übermäßig spitzfindig erscheinen, kann im Einzelfall aber sehr reale negative

....

[104] ebd., S. 33

Auswirkungen zeitigen, wie sich am Beispiel der Palmöl-Produktion zeigen lässt: Gleichwertige Ersatzstoffe für Palmöl in der Kosmetik werden gesucht, wurden bislang aber noch nicht gefunden. Palmöl ist auch in Naturkosmetik vielfach enthalten und (noch) alternativlos, sofern man nicht bereit ist, Rezepturen zu ändern und/oder höhere Produktionskosten in Kauf zu nehmen. Der monokulturelle, nicht nachhaltige Anbau von Palmöl ist jedoch ein seit Jahren unablässig verübtes massives Umweltverbrechen, unter dem Mensch und Tier zu leiden haben: „Der staatlich geförderte Kahlschlag zerstört den Lebensraum, die Wirtschaftsweise, Kultur und Identität von rund 300 indigenen Völkern, die in Indonesien von oder in den Wäldern leben."[105] Die letzten Habitate des Orang-Utans[106] werden vernichtet, riesige Regenwaldflächen unwiederbringlich zerstört.

[105] http://www.gfbv.it/3dossier/ind-voelker/palmoel.html, abg. am 24. 11. 2015

[106] Der dem Menschen so nahestehende Orang-Utan (malaiisch für „Waldmensch") steht hier symbolhaft für die Hunderten von gefährdeten Arten.

Willi verwendet für seine Kosmetik kein Palmöl und fand noch andere Wege, herausragende unternehmerische Verantwortung unter Beweis zu stellen und damit selbst die hohen Anforderungen gemäß Austria Bio Garantie überzuerfüllen. So reiste er nach Indien, um sich vor Ort davon zu überzeugen, dass sein Henna ordnungsgemäß angebaut wird – nachhaltig, umweltschonend und unter fairen Bedingungen für die Beschäftigten, also gerecht entlohnt und unter Einhaltung angemessener arbeitsrechtlicher Standards.

Der kleine Exkurs soll verdeutlichen: Selbst das allerstrengste Label kann die Einhaltung sämtlicher erstrebenswerter Produktionsrichtlinien in ökologischer, sozialer und wirtschaftlicher Hinsicht nur bis zu einem gewissen Grad garantieren. Darüber hinaus bleibt der im letzten Abschnitt formulierte Grundsatz gültig: Der Kauf von Naturkosmetik ist nicht zuletzt eine Frage des Vertrauens in den Hersteller.

Der Leitspruch von CULUMNATURA lautet: „Wir verbinden Schönheit mit Natürlichkeit – schützen dabei alle Lebewesen und Mutter Erde". Klingt lieb, werden Sie jetzt vielleicht denken; ist es auch. Und ebenso vollkommen ernst gemeint und glaubwürdig, wie jeder bestätigen kann, der einmal den Firmensitz in Ernstbrunn, die einzigartige Naturästhetik des Hauses und besonders des Gästehauses, den Naturgarten mit Insektenhotel ... gesehen hat. Oder Willi erlebt hat, wenn er sich gegen diverse Fehlentwicklungen in seiner Branche in Rage redet, um dann umgehend die Realisierung möglicher positiver Alternativen anzugehen. Auf der Produktebene bedeutet der Leitspruch, „Haut- und Haarkosmetik ohne Risiko und Belastung für Körper und Umwelt zu entwickeln". Dieses Unterfangen ist fraglos gelungen, wobei aus diesem Satz auch die Einsicht spricht, dass Rezepturen und Produkte potenziell immer noch ein wenig besser gemacht werden können. Nach bestem Wissen und Gewissen, wie es so schön heißt.

Ein interessantes Sprichwort: Das darin angesprochene „beste Wissen" unterliegt ständiger Erweiterung und Veränderung. Um auf diesem unklaren, verworrenen Pfad, auf dem die Erkenntnis von gestern die Idiotie von morgen sein kann, auf Kurs zu bleiben, braucht es außerdem etwas Konstantes: „bestes Gewissen" im Sinne von wohlmeinenden Absichten. (Nebenbei bemerkt: Eine davon sollte sein, sich stets mit dem aktuell gerade besten Wissen vertraut zu machen.)

Willi Luger wurde mitunter vorgeworfen, über das ökologisch korrekte Ziel hinauszuschießen. Das mag im einen oder anderen Detail argumentierbar sein[107], entspringt aber dem nachvollziehbaren Wunsch, sich auf gar nichts einzulassen, was möglicherweise irgendwie doch beanstandbar wäre. Es entspringt dem Wunsch, keinen Jota von seinen besten Absichten abzuweichen.

[107] Siehe Anhang: „Methylparabene und die Unlogik medialer Panikmache"

Wie sehen sie nun konkret aus, diese besten Absichten? CULUMNATURA geht es um das Gemeinwohl im umfassendsten Sinn: um den Schutz aller Lebewesen und von Mutter Erde. Das können Sie jetzt einfach glauben und sich auf die Suche nach dem nächsten Fachbetrieb machen, um sich von der Qualität der Produkte selbst zu überzeugen. Oder Sie hegen da schon noch den einen oder anderen Zweifel ... dann sind möglicherweise einige weitere produktbezogene Hinweise dazu angetan, das Vertrauen in den niederösterreichischen Fachkosmetikproduzenten zu stärken.

Da ist zuallererst das Baukastenprinzip zu nennen, dank dem die Produktpalette klein und übersichtlich gehalten werden kann und die Notwendigkeit einer groß dimensionierten, für kleine Salons finanziell belastenden Lagerhaltung entfällt. Der Kern des Baukastenprinzips ist die Trennung von Basisprodukten für die Haut- und Haarpflege (Shampoo, Körperöl, Basiscreme, Lotion, Haut- und Haarwasser ...) und Wirksubstanzen. Letztere liegen in Form von Mischungen natürlicher ätherischer Öle vor; die sogenannten naturidentischen, synthetischen Nachbauten ätherischer Öle, wie sie allenthalben billigst angeboten werden, kommen für einen konsequenten Naturkosmetik-Hersteller schon aus Prinzip nicht infrage, vor allem haben sie sich aber als für die Aromatherapie ungeeignet erwiesen[108]. Die Mischungen wurden in Zusammenarbeit mit Prof. Dr. Wabner, einem der weltweit führenden Fachleute für ätherische Öle, entwickelt und energetisch ausgetestet für den jeweiligen Zweck: reife/empfindliche/trockene/fette/unreine Haut, bei Schuppen, reinigend, anregend, ausgleichend, regenerierend, tiefenwirksam.

Statt für jeden Körperteil (Gesicht, Hand, Augen, Dekolleté, Körper, Fuß ...), jeden Haar- und jeden Hauttyp und jeden möglichen Einsatzzweck (Tag, Nacht, Berg, Meer, Sommer, Winter ...) eigene Pflegemittel anzubieten und Jahr für Jahr

---

[108] *Als Erklärung dafür bietet sich an, dass die synthetischen Öle nie auch nur annähernd die komplexen, natürlichen Substanzgemische aus der Pflanze nachbilden, sondern auf einige wenige Einzelsubstanzen beschränkt sind.*

noch ein „neues" Produkt auf den Markt zu bringen, richtet sich Willi nach den Tatsachen: „Seit Cleopatras Zeiten hat sich an den Bedürfnissen der Haut nichts geändert", lautet einer seiner Stehsätze. Weshalb mit einem Set an Basisprodukten und einem Set an fertigen Wirksubstanzmischungen alles abgedeckt werden kann, und zwar dauerhaft – der CULUM-NATURA-Baukasten funktioniert seit zwanzig Jahren in nahezu unveränderter Form – und gleichzeitig optimal individuell und flexibel. Wirkweise und Wirkintensität des Basisprodukts können bei jedem einzelnen Einsatz genau dem individuellen Bedarf angepasst werden.

Das Baukastenprinzip ist sparsam und hilft dabei, nur so viel zu produzieren, wie benötigt wird, was angesichts ständig wachsender Abfallberge ökologisch gesehen zu den wichtigsten positiven Ansätzen überhaupt zu zählen ist. Dabei geht es nicht nur um das Produkt selbst, auch der Aufwand für Verpackung und Versand sinkt, es braucht weniger Lagerkapazität, administrative und logistische Ressourcen werden weniger beansprucht.

Das Baukastenprinzip ist effektiv und vielseitig. Alle Produkte sind untereinander mischbar, viele sind multifunktional. Ein eigenes Duschgel wird erst gar nicht angeboten, weil alle Haarwäscheprodukte sich ebenso gut für die Hautwäsche eignen. Die Haarmineralkur lutum hat sich auch als Gesichtsmaske bewährt, das ausgezeichnete Haarwachs ceratus hilft ebenso bei extremer Hauttrockenheit und hat sich nebstbei als perfekte Lippenpflege erwiesen (weshalb es auf vielfachen Wunsch seit einigen Jahren auch in handtaschenfreundlich kleinen Gläschen angeboten wird). Das Hautfunktionsöl cutem, listet Astrid Luger auf, „hilft bei Austrocknung, bei überfetter und schuppiger Haut, trägt zur Entgiftung der Haut bei, ist Reinigung, Badeöl, Hautschutzöl, Massageöl, mit ätherischen Ölen Parfumöl, Babyöl, Haar- und Kopfhautöl u.v.m." Willi verweist in diesem Zusammenhang gerne darauf, dass ihm viele dieser neuen Einsatzmöglichkeiten von

Fachkolleginnen und -kollegen, Verbraucher/-innen und natürlich Mitarbeitern und Freunden zugetragen wurden – freiwillige Beiträge, die zeigen, wie gut Kooperation funktionieren kann.

Jene Produkte, bei denen das möglich ist, werden als Konzentrate hergestellt – z.B. Shampoos. Eine geringe Menge Shampookonzentrat wird vor der Anwendung mit viel Wasser verdünnt. So kommt man mit einem Fläschchen viel länger aus als gewöhnlich, und in dem Maß, wie sich die Menge an benötigten Shampoogebinden verringert, reduziert sich auch der Aufwand für Lagerhaltung und Transport.

Zum Thema Verpackung schließlich hält Katharina Kronsteiner fest: „Alle Behälter für unsere Produkte sind entweder aus Glas oder aus recyclingfähigem Kunststoff und dementsprechend wiederverwertbar. Auf Überverpackungen verzichten wir, wo immer wir können und das Handling des Produkts es erlaubt. Es ist mir ein wichtiges Anliegen, die Verpackung so ressourcenschonend zu halten wie möglich."

Wenn Ihnen noch etwas einfällt, was sich an der hier präsentierten Produktphilosophie im Sinne des Gemeinwohls verbessern ließe: Zögern Sie nicht, Willi und Katharina darauf anzusprechen. Um die Firma aber in vollem Umfang würdigen zu können – von wegen Frage des Vertrauens –, ist es notwendig, auch ganz andere Aspekte genauer in Augenschein zu nehmen. Gehen wir also im nächsten Kapitel der Sache auf den Grund: Wie hält es CULUMNATURA mit den wirtschaftlichen Aspekten der Unternehmensführung?

4. Kapitel:

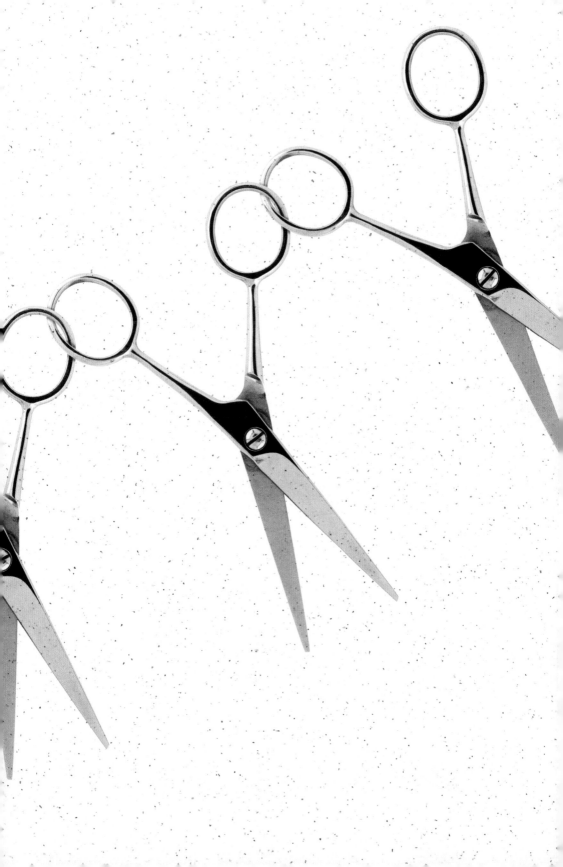

Die Stuttgarter Topsalon-Anekdote wurde schon zum Besten gegeben: Wie sprachlos Willi den Chef von „24 Mitarbeitern" machte mit seiner Weigerung, in das Mengenrabatt-Karussell einzusteigen – und das in einer Phase des Aufbaus, in der jeder verdiente Schilling über Erfolg oder Scheitern mitentschied. Sein Entschluss, die Produkte zu einem für alle fixierten Preis anzubieten, entsprang vor allem dem Wunsch, den einzelnen Friseur, die kleine Salonbesitzerin mit einem Lehrling und einem Mitarbeiter zu unterstützen, die wie alle kleinen Fische im herrschenden marktwirtschaftlichen Haifischbecken äußerst schlechte Karten hatten – und mit langsam häufiger werdenden Ausnahmen nach wie vor haben. Denn die Mengenrabatt-Logik bedeutet unter der Grundannahme, dass niemand etwas zu verschenken hat, de facto ja nichts anderes, als dass die Kleinen um das mehr zahlen müssen, was den Großen an Preisnachlass gewährt wird. So eindeutig dies das Prinzip Unfairness perfekt umsetzt – man nimmt von den Kleinen (Armen) und gibt es den Großen (Reichen) –, so universell und weitestgehend unwidersprochen bestimmt es das ökonomische und steuerrechtliche Gebaren weltweit.

Sicherlich könnte man argumentieren, das sei doch alles Verhandlungssache. Natürlich hätte sich der Umsatz mit der einen oder anderen Sondervereinbarung für einen Großabnehmer deutlich steigern lassen, und Willi wäre vielleicht der eine oder andere Besuch vom Exekutor erspart geblieben. Machen doch schließlich alle, ist doch normal, ist doch nicht so schlimm. Aber so tickt er eben nicht, der Luger. Er hatte das Prinzip Fairness für sich als seinen Weg erwählt, hielt eisern daran fest, und selbst die kleinsten Abweichungen davon kamen nicht infrage. Denn mindestens einer hätte immer gewusst, dass gegen – selbstgewählte! – Prinzipien verstoßen wurde, dass der leichte Weg gewählt wurde, dass der angehende Naturkosmetik-Hersteller sich hatte, na ja, ein wenig anpatzen lassen: Wilhelm Luger. Und damit wäre es beim für ihn alles entscheidenden Blick in den Spiegel um den unabhängigen, aufrechten Streiter für einen gerechteren, faireren Weg geschehen gewesen.

Als Nebeneffekt erhielt er sich damit seine Freiheit und Individualität. Gerade am Anfang einer Unternehmensgeschichte scheint vielen ein Großkunde die Antwort auf alle Gebete zu sein. Aber natürlich begibt man sich auf diese Art in eine potenziell gefährliche Abhängigkeit – fällt eines von zwei, drei Standbeinen, fällt alles. Willis Strategie mit hunderten kleinen und kleinsten Standbeinen ist hingegen ausfallssicher und kommt einmal mehr dem Gemeinwohl zugute.

Konkurrenz versus Kooperation

Dass Willis „Anti-Verkaufsstrategie" ungeachtet guter Argumente, die dafür ins Treffen geführt werden können, auf weitestgehend nichts als Unverständnis stieß („mich haben alle für verrückt erklärt"), macht vor allem eines deutlich: Wie sehr die Regeln der sogenannten freien oder gar sozialen Marktwirtschaft von einer sehr großen Mehrheit vollkommen verinnerlicht wurden. So vollständig, dass so manche Regel gar nicht mehr als solche wahrgenommen wird, sondern als ein Naturgesetz gesehen wird, das es unhinterfragt zu akzeptieren gilt: Das Wetter ist, wie es ist, ob wir darüber klagen oder jubilieren. Nichts könnte der Wahrheit ferner sein: Alle ökonomischen Prinzipien hat sich der Mensch ausgedacht, weshalb es unser aller Chance und Pflicht ist, diese Regeln kritisch zu hinterfragen und gegebenenfalls zu ändern – z.B. wenn sie dem Gemeinwohl abträglich sind. Oder schlichtweg wahnsinnig wie der Glaube an das ewige Wachstum.

Im Wirtschaftsleben – eigentlich: im Wirtschaftskampf – lautet die fundamentale, fälschlicherweise als „Naturgesetz" erlebte Grundannahme: Hauptmotor jeder wirtschaftlichen Entwicklung, wenn nicht überhaupt jeglicher Entwicklung, ist die Konkurrenz. Daraus leiten sich eine Menge Fehlentwicklungen ab, die alle mit Wettkampf, Leistung, Effizienzsteigerung und dem Einsatz von Ellenbogen bis hin zur „feindlichen Übernahme" zu tun haben. Wirtschaft ist Kampf, der Stärkere bezwingt/vernichtet/übernimmt den Schwächeren, so das trügerische Credo.

Nun kann Wettbewerb im Einzelfall schon motivierend sein, aber ist er wirklich „in den meisten Fällen die effizienteste Methode", wie Friedrich August von Hayek, seines Zeichens Träger des sogenannten Wirtschaftsnobelpreises[109], an der Spitze ganzer Legionen von Wirtschaftswissenschaftlern behauptet? „Ganz und gar nicht", ist die in Arbeits- und Organisationspsychologie versierte Co-Geschäftsführerin Katharina Kronsteiner entschieden anderer Meinung. „Motivierend in wirtschaftlichen Belangen bzw. im Bezug auf eine berufliche Tätigkeit ist nicht der Stress des Wettbewerbs, sondern vielmehr die Freude an der Tätigkeit selbst. Die Begeisterung für das, was ich tue, weil es beispielsweise nützlich ist für andere, und die Möglichkeit zur persönlichen Weiterentwicklung." Antrieb erfahren wir aus Anerkennung, die weit mehr ist als „nur" ein Lob für eine Leistung: „Die Anerkennung anderer lässt uns spüren, dass wir dazugehören, dass wir Teil einer Gemeinschaft sind, und das ist sehr erfüllend."

Deshalb ist für Katharina auch klar, dass „Wettbewerb nur ein Mittel zum Zweck ist; letztlich geht es um den Wunsch nach Anerkennung". Christian Felber, einer der Mitbegründer von Attac Österreich[110], kam auf andere Weise zum selben Schluss: Er hat sich auf die Suche nach wenigstens einer Studie begeben, die das Diktum Hayeks empirisch belegt – und keine einzige gefunden, weil eine solche

[109] Der „Anerkennungspreis der Schwedischen Reichsbank für die Wirtschaftswissenschaften im Gedenken an Alfred Nobel" wird erst seit 1969 verliehen und ist kein Nobelpreis, wird er doch weder vom Nobelkomitee nominiert noch von der Nobelstiftung finanziert.

[110] Attac (französisches Akronym mit der Bedeutung ‚Vereinigung zur Besteuerung von Finanztransaktionen im Interesse der BürgerInnen') ist eine globalisierungskritische Nichtregierungsorganisation. Attac hat weltweit ca. 90.000 Mitglieder und agiert in 50 Ländern, hauptsächlich jedoch in Europa. (Wikipedia, 9.9.2015, verändert)

einfach nicht existiert. „Eine fundamentale Ideologiesäule der ökonomischen Wissenschaft", lautet seine eindeutige und in ihrer Tragweite nicht zu überschätzende Erkenntnis, „ist eine pure Behauptung, die von der großen Mehrheit der Ökonomen geglaubt wird."[111]

[111] Felber, „Gemeinwohl-Ökonomie", S. 25

[112] ebd.

Was ist nun aber die effizienteste Methode? Versuche, auf diese Frage eine Antwort zu erhalten, wurden in zahlreichen Disziplinen unternommen, weshalb eine Metastudie nicht weniger als 369 Einzelstudien auswerten konnte. Dabei gibt es eine ganz klare Siegerin: 87 Prozent der Studien mit eindeutigem Ergebnis stellten die Kooperation aufs oberste Podest.[112]

Im Grunde alles andere als überraschend, führt man sich eine naturwissenschaftliche Tatsache vor Augen: Die Grundlage der Evolution ist Kooperation. Vom ersten Einzeller an erfolgte jegliche Weiterentwicklung durch den Zusammenschluss von einzelnen, simplen Lebewesen zu komplexeren, intelligenteren Organismen mit besonderen Fähigkeiten, die sich wiederum zu noch komplexeren, höher entwickelten Lebensformen verbanden. In einer Schwangerschaft durchläuft der Embryo diese gesamte, Jahrmillionen umfassende Evolutionsgeschichte im Schnelldurchlauf: Die unspezifischen Stammzellen vermehren sich, alsbald setzt auch die Spezialisierung zu Leber-, Herz- oder Nierenzellen usw. ein. Leber, Herz und Nieren sind wiederum auch von der Kooperation miteinander und allen anderen Bausteinen von Milz bis Magen abhängig, für sich genommen wären sie nicht überlebensfähig. Doch auch beim voll entwickelten Menschen setzt sich das Muster fort: Als meterkleine Hominide furchterregenden Säbelzahntigern gegenüberstanden, hätte die Geschichte der Menschheit ein jähes, unrühmliches Ende finden können – wäre nicht jemand auf die geniale Idee gekommen, sich in Gruppen zu organisieren und so den körperlich weit überlegenen, mit Reißzähnen und Krallen bewaffneten Raubtieren die Stirn zu bieten. Zusammenhalt, Hilfsbereitschaft, Teilen, Vertrauen,

Respekt, Mitgefühl – alle Werte, die ein gedeihliches Miteinander ermöglichen, für das Gelingen von Beziehungen unerlässlich sind und als positiv und erstrebenswert gelten, sind kooperativ. Und ausgerechnet in der Wirtschaft soll das exakte Gegenteil das Maß aller Dinge sein: Egoismus, Gier, Neid, Geiz, Rücksichtslosigkeit?

Keineswegs, geht es nach den verfassungsrechtlich festgelegten Zielen der Gesellschaft: „Eigentum verpflichtet. Sein Gebrauch soll zugleich dem Wohle der Allgemeinheit dienen."[113], heißt es etwa im deutschen Grundgesetz. Besonders deutlich wird der Freistaat Bayern: „Die gesamte wirtschaftliche Tätigkeit dient dem Gemeinwohl, insbesondere der Gewährleistung eines menschenwürdigen Daseins für alle und der allmählichen Erhöhung der Lebenshaltung aller Volksschichten."[114] Als gänzlich umfassendes, fundamentales Staatsziel, geradezu als Existenzgrundlage, fasst man schließlich in Österreich die Kooperation auf: „Die Bezeichnung Republik kommt vom lateinischen ,res publica'. Das meint einen Staat, der der ,gemeinsamen Sache' aller BürgerInnen, also dem Gemeinwohl, verpflichtet ist."[115]

[113] *Art. 14 Abs. 2 Grundgesetz Deutschland, zit. n. ebd. S. 8*

[114] *Verfassung des Freistaates Bayern, Art. 151 Abs. 1*

[115] *http://www.parlament.gv.at/ PERK/VERF/GRUND/, abg. am 3.9.2015*

„Wer am meisten Geld hat, wenn er stirbt, hat gewonnen"!?

CuLumNATURA und eine kleine, aber rasch wachsende Zahl an Unternehmen haben sich diesem vielbeschworenen Gemeinwohl tatsächlich verpflichtet. Für die allermeisten bleibt indes die Frage unbeantwortet: Warum werden diese hehren Ziele nicht verfolgt, sondern die Anhäufung von Eigentum steuerlich gefördert und Vermögenswerte begünstigt, während die Arbeit für immer mehr Unternehmen prohibitiv teuer ist und auch deshalb die Arbeitslosenzahlen fast überall im Steigen begriffen sind? Die Antwort lautet: Weil das Ziel des Wirtschaftens und die Mittel, dieses zu erreichen, verwechselt werden. Das Mittel – Geld – wurde zum Zweck.

Das vereinbarte Ziel, der vorgeblich wirkliche Zweck, ist das Gemeinwohl, dem „die gesamte wirtschaftliche Tätigkeit dient", wie es etwa die Bayern gänzlich unmissverständlich in ihre Verfassung geschrieben haben; das im real existierenden Kapitalismus tatsächlich so gut wie ausschließlich angestrebte Wirtschaftsziel ist jedoch Gewinn – Gewinn an Marktanteilen, Einfluss, Macht, letztlich Gewinn in Form von Geld. Erfolg wird als Bilanzergebnis präsentiert und ist dann gegeben, wenn die Börsenkurse steigen, die Shareholder den Rahm abschöpfen, die „Kriegskasse" prallvoll gefüllt ist. Und nicht, wenn ein Unternehmen z. B. nachweislich die Lebensumstände von soundso vielen Menschen verbesserte, eine nachhaltige Lösung für ein im Hinblick auf den Impact auf die Umwelt kniffliges Problem fand, die Arbeitszufriedenheit seines Teams durch ein Maßnahmenbündel hob...

Finanzkraft, sprich: Geld, ist im Wirtschaftsleben unerlässlich. Es sollte aber nicht Endzweck, sondern (Tausch-)Mittel zum Gemeinwohl-Zweck sein. Das Wohl der Allgemeinheit oder auch nur der Belegschaft eines Unternehmens wird aber zum Ende des Wirtschaftsjahres nicht bilanziert. Und zwar, und das ist der springende Punkt, weil das bestehende, gesetzlich verankerte System nach nichts anderem fragt als nackten Zahlen und dadurch die alleinige Ausrichtung auf diese eingeschränkte, ganz buchstäblich unmenschliche Perspektive massiv fördert. Erfolg misst sich ausschließlich in Zahlen, und wie die maximale Anzahl an Stellen vor dem Komma erwirtschaftet wurde, ob mit Genmais, Atomkraft und Waffen und unter rücksichtsloser Ausbeutung von Mensch und Umwelt oder mit fairen Mitteln, nachhaltiger Produktion und sinnvollen Produkten, geht daraus nicht hervor. Nur eins zählt in der asozialen Machtwirtschaft: „Wer am meisten Geld hat, wenn er stirbt, hat gewonnen!"[116]

....

[116] Lawrence Garfield, gespielt von Danny DeVito, in der US-Komödie „Das Geld anderer Leute" von 1991

Alternativen und der lange Weg zur Innigkeit

Kehren wir an dieser Stelle wieder zu den Bestrebungen zurück, aus dieser Untergangsspirale auszusteigen, die seit den Achtziger- und Neunzigerjahren ebenfalls manifest wurden, angefangen mit der Fairtrade-Bewegung, wachsendem Umweltbewusstsein und biologischer Landwirtschaft. Zum Thema Gemeinwohl-Ökonomie wird am Ende dieses Kapitels noch mehr zu lesen sein.

Der Umstieg auf ökologische Produkte war für Willi keine Frage, ebenso klar war ihm aber, dass die „freie", „(öko)soziale" Marktwirtschaft weder frei noch (öko)sozial ist und er dieses von ihm als ungerecht erlebte System nicht einfach so unterstützen wollte, indem er sich ohne Veränderung einfügte. Konsequenterweise entschloss er sich zu einem Verkaufssystem, das die ohnehin schon Großen nicht noch weiter bevorteilt. Der im Moment übliche Mechanismus – je mehr Geld ich habe und ergo damit kaufen kann, desto billiger wird's, desto höher werden meine Margen, desto schneller wächst mein Reichtum – führt ja zwangsweise dazu, dass die Reichen auf Kosten der Armen immer reicher werden. Der Wettbewerb wird angeheizt und mit ihm diverse negative Auswüchse der real existierenden Marktwirtschaft wie Verdrängung und Konzentration und wachsende Ungleichheit und extreme Verschwendung bei gleichzeitig bitterster Armut.

Willi hatte bei seiner Entscheidung für seine ungewöhnliche Vorgangsweise wohl nicht die ganz große Perspektive auf die Weltwirtschaft, das war aber auch gar nicht nötig: Im Kleinen, in seiner Branche, spielt es sich genauso ab. Das Ansehen seines geliebten Berufsstandes war im Sinken begriffen, der einzelne, selbstständige Friseur galt für sein Dafürhalten immer weniger und wurde zunehmend zum Erfüllungsgehilfen und Werbeträger der Haarkosmetikindustrie. Wer zahlt, schafft auch hier an: Den gesponserten, peppigen Events der um Marktanteile streitenden Großindustrie hat der einzelne Salon naturgemäß wenig bis nichts entgegenzusetzen. Der Einzelne hatte es freilich nie besonders leicht, weshalb – Stichwort Kooperation – die frei ihr Gewerbe ausübenden Menschen sich seit jeher in Standesvertretungen zusammentaten, um gemeinsame Anliegen und Interessen auch gemeinsam wahrnehmen zu können. So zumindest in der Theorie; in der Praxis fühlt sich Willi von der Friseurinnung alleingelassen, wenn sein eigenständiger anderer Weg und der industriefreundliche Kuschelkurs der Innung mal wieder 180 Grad auseinanderlaufen. Besonders bringt ihn dabei auf die Palme, wenn man ihm intern in so ziemlich allem recht gibt, dem aber keine Taten folgen. „Die Gesundheitsprobleme laufen aus dem Ruder, der einzelne Salon kämpft ums wirtschaftliche Überleben, der Lehrlingsmangel ist akut", listet Willi die Problempunkte auf und erntet dafür reihum nickende Zustimmung: „Die Belastungsgrenze ist erreicht", hielt der niederösterreichische Innungsmeister Reinhold Schulz 2015 fest. Tatsächlich ist die Lage beunruhigend: Kamen früher auf 1.200 Betriebe ebenso viele Lehrlinge, verzeichnet man heute 1.700 Salons in Niederösterreich – und 610 Lehrlinge. Kein Wunder: bescheidene Verdienstaussichten, preisdumpender Mitbewerb in der niederöterreichischen Grenzregion mit Tschechien und der Slowakei, Berufserkrankungen fast unausweichlich ... Das Luger'sche Geschäftsmodell hat sich demgegenüber über Jahre als verlässliches Erfolgsmodell bewährt: steigende Umsatzzahlen im Gegensatz zu stagnierenden oder gar sinkenden in der Gesamtbranche, ein schöner Verdienst bei weit angenehmeren Arbeitsbedingungen, keine Gesundheitsprobleme, keine Schwierigkeiten mit dem Mitbewerb, der ausschließlich über den Preis geht – der Naturfriseur, die Naturfriseurin, sie sprechen ein völlig anderes Klientel an.

Verbal ist man seitens der Innung auch bei seinen Lösungsansätzen bei ihm: „Nur ein fachlich höherwertiges Dienstleistungsangebot auf der Grundlage einer vertiefenden, besseren Ausbildung kann der Misere entgegenwirken", sagt Willi – und der oberste Lehrlingswart und Schulz-Stellvertreter in Niederösterreich, Dieter Holzer, bekräftigt das, indem er „Wissen, Wissen, Wissen" beschwört.

Im Juni 2015 gab CULUMNATURA den Gastgeber für die Jahrestagung der niederösterreichischen Innungsvertreter und präsentierte den versammelten Friseurmeistern und -meisterinnen bei dieser Gelegenheit seine Sicht der Dinge. Kürzestfassung in Willis Worten: „Die Natur ist der Weg." Die Bestätigung durch Reinhold Schulz blieb nicht aus: „Auch wenn sich die Chemie wohl nicht ganz abschaffen lassen wird, liegt die Zukunft sicher in der Natur." Einer der anwesenden Kolleginnen und Kollegen ließ Taten folgen und begann umgehend mit der Umstellung auf Naturfriseur. Ein schöner Erfolg, sicherlich. Nur: Davon abgesehen geschah – nichts. Ein Jahr später kämpft der einzelne kleine (konventionelle) Salon unverändert ums Überleben, leiden noch immer 55 Prozent der (konventionell eingesetzten) Lehrlinge im ersten Lehrjahr am Friseur-Ekzem, nimmt der Mangel an (konventionellen) Lehrlingen immer dramatischere Formen an. Willis Weg der Natur und der Fairness wird ganz offiziell gutgeheißen, anschließend geht man zur konventionellen Tagesordnung über; vonseiten der Innung hat man in Sachen Umsetzung der nach Reinhold Schulz unausweichlichen natürlichen Zukunft kein Wort mehr gehört. Ist es Gewohnheit, Bequemlichkeit, mangelnde Information, Furcht vor unbekannten Pfaden? „Meiner Ansicht nach gibt sich die Innung als Werbeplattform für die Großindustrie her", legt Willi zielsicher seinen Finger auf einen, vielleicht den wunden Punkt. Die Kleinen stehen unter der Fuchtel der Großen – soweit, so bekannt. Nur ist die Innung ja gerade dazu geschaffen worden: Um im Zusammenhalt vieler Kleiner eine starke Stimme zu haben und die Interessen der eigenen Mitglieder zu vertreten. Dass die Innung das nach Willis Meinung nicht tut, ist nicht nur für ihn enttäuschend, aber natürlich schon auch Ansichtssache. Dass sie sich nachgerade freiwillig, quasi mit Anlauf, der Großindustrie ergibt, steht aber in direktem Widerspruch zu ihren Aufgaben – und macht die Innung zu einer Wortbrüchigen.

Damit genug von dem, was nicht (gut) funktioniert. Willi hat viele gute Gründe, diverse Fehlentwicklungen anzuprangern, und tut das auch. Weit mehr Zeit und Energie hat er aber darauf verwendet, seinen Gegenentwurf zu vervollkommnen: das Modell Luger.

Das Modell Luger

Kern des Fairness-Prinzips ist der unveränderliche Stückpreis für alle, gleichbedeutend mit monetärer Chancengleichheit für alle. Weil Willi aber nicht nur die Kleinen an sich, sondern spezifisch die Fachkräfte stärken will, ist auch der Verkauf streng reglementiert: Die Produkte werden ausschließlich über den Fachbereich (Friseure, Kosmetik, Therapeuten) vertrieben, auch Friseurgroßhandel oder Bioläden sind ausgenommen und selbstverständlich Supermärkte, Drogerien und dergleichen. Das erstaunlichste (und, um diesen zentralen Begriff auch wieder einmal einzubringen, konsequenteste) Detail ist aber der Verzicht des Unternehmens auf den Online-Handel. Der dessen ungeachtet ständig nachgefragt wird, woraufhin die Interessenten ebenso konsequent an ihren nächstgelegenen Fachbetrieb verwiesen werden. „Ich könnte leicht den fünffachen Umsatz machen", sagt Willi ohne eine Spur von Bedauern in der Stimme, „aber ich werde nicht auf der einen Seite alles unternehmen, um die Friseure zu unterstützen, um ihnen hintenrum erst wieder das Geschäft wegzuschnappen. Ich kann doch, wie jeder andere, ohnehin nur mit einem Löffel essen."

Die Beschränkung auf den Fachbereich erfolgt auch deshalb, weil der Umgang mit konsequenten Naturkosmetik-Produkten, die eine ganz andere Wirkweise haben als herkömmliche Kosmetik, gelernt sein will. Gerade in der Umstellungsphase von Chemie- auf Naturkosmetik braucht es die gut informierte Fachkraft, um die Kundin bestmöglich beraten zu können: Das Haar ist trocken und kraftlos, seit ihm alle Silikone genommen wurden? Es braucht eine Weile, bis die natürliche Spannkraft zurückkehrt. Hautunreinheiten treten plötzlich vermehrt auf? Das liegt daran, dass die endlich nicht mehr mit Paraffin versiegelte Haut ihrer Entgiftungstätigkeit mit Nachdruck nachkommt und sich von selbst reguliert. Zudem verlangt das Baukastenprinzip etwa der Hautpflege nach Fachkenntnissen über Hautbild und Hautbedürfnisse sowie fundiertem Wissen um die Wirkweise und Wirkkraft der ätherischen Ölmischungen, um die jeweils passende Mischung aus Basiscreme und Wirkstoff herstellen zu können.

Interessenten an den CULUMNATURA-Produkten müssen deshalb das Ausbildungsmodul Haut- und Haarpflege besuchen, bevor sie ein komplettes Startpaket erwerben dürfen, bestehend aus jeweils einem großen Gebinde für die Verwendung im Salon und sechs Kleingebinden für den Weiterverkauf. Entschließen sich die angehenden Naturfriseurinnen und -friseure binnen eines Jahres nach dem Besuch des Moduls zum Kauf, wird ihnen der gesamte Preis für das Startmodul gutgeschrieben. Das Paket enthält alles außer den Pflanzenhaarfarben, weil für deren Verwendung der Besuch eines eigenen

Pflanzenhaarfarbe-Moduls erforderlich ist. Auch diese Kosten werden bei Erwerb des Pflanzenhaarfarben-Startpakets zum Teil ersetzt.

Qualität statt Quantität

Niedrige finanzielle Einstiegshürden und niedrige Lagerhaltungskosten, Letzteres auch dank des Baukastenprinzips, erleichtern den Naturfriseurbetrieb ausgabenseitig. Dank der Beschränkung des Verkaufs auf Fachbetriebe profitieren diese zugleich durch einen deutlich höheren Verkaufsumsatz, anders als in herkömmlichen Salons, wo Produktverkäufe mit im Schnitt um die zwei bis drei Prozent des Umsatzes fast vernachlässigbar gering sind. Warum auch teuer im Salon kaufen, wenn man dasselbe Produkt weit günstiger im Drogeriemarkt bekommen kann, denkt sich der Kunde – eine Haltung, die von den Herstellern, die die Salons beliefern, werbemäßig kräftig gefördert wird. Auch deshalb ist es in Zeiten von Schnäppchenjagd, Internet-Preisvergleich und Geiz-ist-geil-Mentalität nur allzu verständlich, dass die Endverbraucher/-innen bei diesem Preisdumping-Karussell gerne mitmachen. Den Schaden hat die Fachkraft: „Der Friseur, der sich den Mund fusselig redet, um ein Produkt seinem Kunden schmackhaft zu machen, schaut durch die Finger", legt Willi den Finger in die Wunde, die ein Wirtschaftssystem geschlagen hat, das die Großen bevorzugt und immer noch gigantischere Strukturen hervorbringt. Die Förderung der kleinteiligen Wirtschaft ist auch eine Förderung von Vielfalt und Individualität gegenüber eintönigen ökonomischen Monokulturen. Salons, die mit Willis Produkten arbeiten und diese zum Verkauf anbieten, können sich darauf verlassen, dass sie nur im Fachbereich angeboten werden. Dadurch erzielen sie einen deutlich höheren Verkaufsanteil am Gesamtumsatz von 20 Prozent und mehr. Zugleich wird auch die Kundenbindung gestärkt, was gerade für Klein- und Kleinstbetriebe mitentscheidend für die wirtschaftliche Überlebensfähigkeit ist.

„Wer fachlich nichts zu sagen weiß, verkauft sich über einen niedrigen Preis", reimt Willi Luger eingängig auf einer seiner Powerpoint-Folien, und spricht damit einen zentralen Problemkreis im ausgehenden Kapitalismuszeitalter an: Preisdumping, Lohndumping, Billigstproduktion hängen auf fatale Weise zusammen und haben dazu geführt, dass vieles nur noch über den Preis absetzbar ist. Extreme Auswüchse wie Rindfleisch, das im Kilo billiger ist als Bananen, oder, um bei den Friseuren zu bleiben: Kopfwäsche gratis, alles andere zehn Euro, sind krasse Symptome einer Arbeitswelt, in der Stolz auf das eigene Tun, Freude an Herausforderungen, Sinn für die Würde des Schaffens nichts mehr gelten. Was nicht in Excel-Tabellen erfassbar ist, interessiert nicht, nur Umsatz, Durchlaufgeschwindigkeit, Effizienz der Humanressourcen, Stückkosten.

Willi kalkulierte seine Preise in den langen Jahren als Salonbesitzer stets getreu der Überzeugung: Qualität setzt sich durch. Das hat damals bestens funktioniert und gilt auch heute noch, auch wenn die Rahmenbedingungen erschwert sind – aber natürlich nur, wenn Personen am Werk sind, die in Theorie und Praxis top sind und die Qualität, für die gutes Geld verlangt wird, auch verlässlich liefern. Deshalb legte Willi von Anfang an größten Wert darauf, die angehenden Naturfriseure bestmöglich auszubilden: „Für mich ist es unterlassene Wissensvermittlung, wenn in den Berufs- bzw. Meisterschulen nichts über die Arbeit mit reinen Naturprodukten vermittelt wird." Darüber wird im Detail im Kapitel 5, *Die Säule Wissen*, zu lesen sein. An dieser Stelle sind andere Aspekte des Qualitätsanspruches wichtig: Sorgfältiges Arbeiten braucht Zeit, umso mehr wenn wie beim Naturfriseur neben Waschen (samt Kopfmassage), Haarschnitt, Bürsten und

Pflegen und Föhnen auch noch eine ganzheitliche Beratung
Teil der Dienstleistung ist. Sich für die Kundin Zeit zu nehmen
und auch nicht zwischendurch am Telefon andere Termine
zu vereinbaren oder sonst wie die Aufmerksamkeit zu verzet-
teln, ist für sich genommen eine Frage der Qualität. Es ist aber
auch eine Frage des eigenen Anspruchs: Abfertigung im Ak-
kord oder persönliche, hochwertige Dienstleistung? Gut Ding
braucht eben Weile, und um gleich noch so einen Spruch zu
bemühen, der nichts dafür kann, dass ihn niemand mehr be-
achtet, weil er zur Binsenweisheit degradiert wurde: Was man
gern macht, macht man gut. Eigentlich ein ganz augenfälliger
Zusammenhang, eine typische Win-win-Situation, um es mit
einer beliebten neudeutschen Manager-Wortschöpfung zu
sagen: Man sorge durch Raum für Kreativität, eine ordentliche Prise Selbstverwirklichung und ein soziales Umfeld dafür,
dass die Mitarbeiter sich wohlfühlen und in ihrer Arbeit Sinn
finden können. Dann werden sie bessere Ergebnisse abliefern,
weniger Fehler machen, sich mehr einbringen und weniger
Krankenstandstage haben.

Das ist nun wirklich kein Geheimnis und sollte selbstverständlich überall angestrebt werden, würde man meinen:
Win-Win eben, alle haben was davon. Das Gegenteil ist der
Fall: Die Turbokapitalismusschraube wird ungeachtet ganzer
Flächenbrände in Sachen Burnout und Antidepressivakon-
sum im Tonnenbereich immer weiter angezogen, Effizienz,
Leistung, Stückzahlen, Stückkosten, und wehe man verwei-
gert sich dem Wahnsinn. Hinter jedem Arbeitsplatz lauern
fünf(zig) andere auf ihre Chance, den Job zu ergattern, und
selbst wer seinen Dienst über Jahre in aller Sorgfalt verrich-
tet, kann sich keinen Moment auf dem Jobsicherheit genannten Ruhekissen niederlassen, denn so etwas gibt es einfach
nicht (mehr). Firmen schreiben Rekordgewinne und dennoch
„setzen sie Arbeitskräfte frei", wie das beschönigend und in
Wahrheit verächtlich genannt wird. An die Stelle der erfahre-
nen Arbeitnehmer tritt billiger Nachwuchs oder, noch besser,
eine Maschine.

Willis Vorstellungen gehen exakt in die entgegengesetzte Richtung: Qualität wird geboten, Qualität hat aber auch ihren Preis. Über übliche Preisnachlässe im Friseurgewerbe für Kinder, Studierende, Männer oder Kurzhaarservice spottet er: „Gibt es eine Kfz-Werkstatt, welche beim Service sagt, du hast ein kleines Auto, du bezahlst für die Stunde weniger? Kennt jemand einen Malermeister, der von sich aus sagt, er malt das Kinderzimmer zum halben Preis?" Zumal das nicht selten doppeltes Preisdumping ist, bedeuten doch Kinder manchmal mehr Aufwand, verlangen Kurzhaarschnitte oft nach weitaus ausgefeilterer Haarschneidetechnik als ein simples Kürzen von langen Haaren.

Bezahlung nach Zeit

Das Luger'sche Preismodell orientiert sich daher an dem, was im Grunde in allen anderen Gewerben vom Installateur bis zum Tischler völlig normal ist: Berechnet wird nach Zeitaufwand, dazu kommen eventuell Materialkosten. Das ist transparent, einfach und fair. Der einzelne Termin wird so in der Regel deutlich mehr kosten als beim konventionellen Friseur: Naturfriseure im Luger'schen Sinn machen mindestens denselben Umsatz mit halb so viel Kundschaft. Viele Friseurinnen und Friseure gehen unumstößlich davon aus, dass sie sofort pleitegehen würden, verlangten sie angemessene Preise, vom höherpreisigen Qualitätssegment ganz zu schweigen. Tatsache ist aber, dass der Gesamtumsatz der Branche seit Jahren stagniert bzw. nach tatsächlicher Kaufkraft berechnet sogar stark rückläufig ist[117]. Das Naturfriseur-Business boomt indes in einem Maße, dass sogar die üblichen Konkurrenzängste Vergangenheit sind: Es gibt immer mehr Salons, die mit Produkten des Ernstbrunner Naturkosmetik-Herstellers arbeiten und die Nachfrage einfach nicht mehr schaffen. Schon jetzt

[117] *Laut „Friseur aktiv" 2015/03 geht es mit den Umsatzzahlen in der Friseurbranche wieder leicht bergauf: von 2011 bis 2014 um ein ganzes (1) Prozent. Angesichts einer gleichzeitigen Steigerung des Preisindex um 9,7 Prozent im selben Zeitraum (Statistik Austria, vpi_2010. pdf) ist das allerdings nur eine minimale Linderung eines schmerzhaften realen Kaufkraftrückgangs.*

werden Kunden in Urlaubszeiten zu Kollegen umgeschichtet, aber die einzige Lösung bestünde im Eröffnen von weiteren Naturfriseur-Läden. Immer wieder wird bei Willi Luger nachgefragt, ob es nicht möglich wäre, in der fraglichen Region neue Naturfriseur-Salons zu eröffnen; dem Chef des Unternehmens sind in dieser Sache aber die Hände gebunden. Er kann nicht mehr, als ein Angebot bereitzustellen, in Anspruch genommen werden muss es natürlich aus jeweils eigenem Antrieb.

Natur liegt im Trend, vor allem weil immer mehr Menschen dahinterkommen, dass die Herangehensweise des Naturfriseurs eine umfassend andere ist: Wie bei Willis Geschäftsmodell ist der Umstieg auf Naturkosmetik ein wesentlicher Teil, aber eben bei Weitem nicht die ganze Geschichte. „Was ich schön finde ist, dass sie sich Zeit für mich nimmt und ganz für mich da ist. Ihre Räume sind hell und mit viel Holz, es herrscht eine entspannte Atmosphäre und ich fühle mich gut aufgehoben", so eine begeisterte Naturfriseur-Kundin. Ein anderes typisches Statement einer Besucherin eines Naturfriseur-Salons lautet: „Ich genieße die einfühlsame, inspirierende und kompetente Beratung. Es ist ein gutes Gefühl, ohne Chemie natürlich schöne Haare zu haben." Juliana Wilbert, die in ihrem Naturfriseur-Salon in Frankfurt seit vielen Jahren mit Naturprodukten arbeitet, betont: „Das Fachgebiet eines Naturfriseurs geht weit über das eines konventionellen Friseurs hinaus. Ein konventioneller Friseur widmet sich dem Aussehen der Haare, während ein Naturfriseur immer das Ganze sieht!" An diesem Punkt verbinden sich Technik, fachbezogenes Hintergrundwissen und das vielgelobte Naturfriseur-Feeling zu einem rundum zufriedenstellenden Ergebnis, wie aus einer Online-Review deutlich wird – auch wenn zunächst Zweifel bestanden: „Eine Freundin brachte mich drauf, mal Naturfriseurin Juliana einen Besuch abzustatten. Ich muss sagen, ich war mehr als skeptisch! Naturfriseur, was ist das denn??? Werden meine Haare besprochen? Krieg ich eine Haarpackung mit rohen Eiern? Sehe ich danach aus wie Mowgli?" Die Dame wurde jedoch sehr rasch zur Stammkundin, angetan von Juliana und dem Kaffeehaus-Charakter ihres Salons. Entscheidend ist aber letztlich die Qualität: „Das für einen Friseur Wichtigste, das Schneiden, beherrscht sie meiner Meinung nach über alle Maßen gut. Sie hat einen geübten Blick für Haarstrukturen, Wirbel, Gesichtsform usw., schneidet je nach Bedarf mit Messer oder Schere. Ich trage kurze Haare und kann mit einem Schnitt von ihr wirklich bis zu drei Monaten gut leben, das finde ich enorm, sonst musste ich immer schon nach vier Wochen wieder ran!"[18]

[18] http://www.yelp.com/biz/der-naturfriseur-juliana-wilbert-frankfurt-am-main, abg. am 8. 9. 2015

Der Kreis schließt sich: Man arbeitet weniger, dafür aber mit mehr Sorgfalt und Empathie für den Kunden. Die Dienstleistung wird persönlicher und besser, bereitet allen mehr Freude und verursacht kaum Stress, so wird der Broterwerb von der notwendigen Mühsal zur sinnerfüllten Tätigkeit. Das durch und durch faire Bezahlmodell stellt alle zufrieden: Kunden sind bereit, für den gebotenen Mehrwert auch etwas tiefer in die Tasche zu greifen, fachlich versierte Friseure gehen ihrem Handwerk selbstbewusst nach, bestärkt durch das reine Umweltgewissen, befreit von üblen Gerüchen und schädlicher Friseurchemie, in dem wohltuenden Wissen, aus dem sich immer schneller und schneller im Arbeitswelt-Mainstream drehenden Hamsterrad ein gutes Stück weit ausgestiegen zu sein. Nimmt man dann noch den Zwang zum ewigen Wachstum aus der Gleichung, ist ein im wahrsten Sinne des Wortes menschliches Maß an Erwerbstätigkeit erreicht. Eines, das das Bedürfnis nach sinnstiftendem Tun erfüllt, ohne zu überlasten. Das ist auch in puncto Erhaltung der Arbeitskraft sehr nachhaltig, denn was Freude bereitet, belastet nicht und kann bis ins hohe Alter ausgeübt werden, und zwar auf demselben hohen Qualitätslevel, den die Kunden sich bei jedem einzelnen Besuch aufs Neue erwarten dürfen.

Ein wichtiger Punkt: Auf Knopfdruck und in jeder Lebenslage die perfekte Performance abzuliefern, ist nicht menschenmöglich. Beim Naturfriseur sind immerhin die besten Voraussetzungen für eine gleichbleibend hohe Qualität der

Arbeit gegeben: Es sind Menschen am Werk, Individuen, und arbeiten sie nach dem Modell Luger, können sie sich die Arbeit nach ihren Bedürfnissen in echter Selbstständigkeit einteilen, passend zu ihrem persönlichen, menschlichen Maß.

Das Potenzial ist groß: Noch stellen Naturfriseure eine winzige Minderheit, kaum mehr als ein Prozent der Frisiersalons im deutschsprachigen Raum beschreitet den Weg der Zukunft. Und hat, wie beschrieben, nicht selten Schwierigkeiten, der Nachfrage gerecht zu werden.

Die Gemeinwohl-Ökonomie

2010 begegneten Willi und Astrid Christian Felber. Der kapitalismuskritische Buchautor und Initiator der Gemeinwohl-Ökonomie-Bewegung hielt einen Vortrag über sein liebstes, gerade eben in die Welt gesetztes Kind: „Die Gemeinwohl-Ökonomie ist der Aufbruch zu einer ethischen Marktwirtschaft, deren Ziel nicht die Vermehrung von Geldkapital ist, sondern das gute Leben für alle." Damit ist das Meiste schon gesagt, aber um es zu erfassen, muss dieser Satz näher erläutert werden.

Oberstes Ziel der Gemeinwohl-Ökonomie (GWÖ) ist „nicht die Vermehrung von Geldkapital, sondern das gute Leben für alle". Konkret bedeutet das die Aufnahme von wirklich wichtigen Werten wie Menschenwürde, Menschenrechte und ökologische Verantwortung in die Bilanzierung. Der Erfolg eines Unternehmens wird also nicht daran gemessen, wie viel Kapital und Umsatzzuwachs erwirtschaftet wurden, sondern inwieweit es zum Wohl aller beigetragen hat[9]. Erfolgreiche Betriebe sind solche, die überdurchschnittliche Leistungen für das Gemeinwohl erbringen; sie sollen dafür rechtliche Vorteile bei Steuern, Krediten und öffentlichen Aufträgen sowie im internationalen Handel erhalten.

[9] Das Messinstrument für die Gemeinwohl-Bilanz, also die Feststellung des Betriebsergebnisses eines Unternehmens im Sinne der Gemeinwohl-Ökonomie, ist die sogenannte Gemeinwohl-Matrix. Die aktuelle Version 4.1 (https://www.ecogood.org/gemeinwohl-bilanz) fragt die Kriterien Menschenwürde, Solidarität, ökologische Nachhaltigkeit, soziale Gerechtigkeit sowie Demokratie & Transparenz ab, liefert ein Schema für die Punktevergabe in den einzelnen Rubriken und listet eine Reihe von Negativkriterien auf, z. B. „exzessive Einkommensspreizung", „feindliche Übernahme", „illegitime Umweltbelastungen" udgl. Die Matrix wird in einem transparenten, demokratischen Prozess laufend weiterentwickelt. Wer sich informieren oder einbringen möchte: http://balance.ecogood.org

Die GWÖ ist eine „ethische Marktwirtschaft": Das spricht einen ganz entscheidenden Punkt an, den vor allem Kritiker der Ökonomie zum Wohl der Menschen leidenschaftlich gerne absichtlich missverstehen. (Christian Felber wurde etwa als „herzjesumarxistischer Enteignungseuphoriker", „anarchomarxistisch"[120] und „Kommunist"[121] tituliert.) Die GWÖ ist eine Marktwirtschaft, sie will weder enteignen noch eine kommunistische Planwirtschaft einführen noch lehnt sie gar das Geld als solches ab. Aber: „Unternehmensgewinne dienen der Stärkung der Unternehmen sowie der Einkommenserzielung und der Alterssicherung der UnternehmerInnen und der Beschäftigten, nicht aber der Vermögensvermehrung externer KapitalgeberInnen. Frei vom Druck zu größtmöglicher Kapitalrendite, ... schwindet der Drang zum Wirtschaftswachstum."[122] Geld wird in der GWÖ wieder das, was es ursprünglich war: ein (Tausch-)Mittel zum Zweck. Ein Werkzeug, wenn man so will, nicht mehr und nicht weniger. Regulieren will die GWÖ nur extreme, dem Gemeinwohl abträgliche Auswüchse eines freien, sprich außer Rand und Band geratenen Finanzmarkts, in dem Geld zum alleinigen Selbstzweck mutiert ist. Und Absurditäten abstellen wie den Umstand, dass Chefs großer Unternehmen schon einmal das 6.000-Fache des gesetzlichen Mindestlohnes verdienen – oder gar das 350.000-Fache(!).[123]

Schließlich ist im zitierten Grundsatz noch vom „Aufbruch" die Rede. Christian Felber, der gerne betont, dass er „nichts neu erfunden, nur zusammengefasst und neu zusammengestellt" habe, spricht von der GWÖ zum einen als einer Idee, die sich entlang von Werten wie „nachhaltig, fair, demokratisch, kooperativ" in der wirtschaftlichen, gesellschaftlichen und politischen Realität etablieren soll. Zum anderen ist die GWÖ eine Bewegung von mittlerweile tausenden Unternehmen, Privatpersonen, Vereinen, Gemeinden und Regionen. Alles zusammen ist Teil eines umfangreichen Prozesses, im Zuge dessen die GWÖ selbst immer wieder hinterfragt und weiterentwickelt wird; demokratische Entscheidungsfindung, Transparenz, Fairness und Kooperation sind auf allen Ebenen maßgeblich.

[120] © Michael Fleischhacker in seiner Funktion als Chefredakteur der Presse, zit. n. Felber, „Gemeinwohl-Ökonomie", S. 119 f.

[121] © Erich Frey, Chef vom Dienst und ehemaliger Wirtschaftsressortleiter der Standard, zit. n. ebd., S. 119

[122] https://www.ecogood.org/allgemeine-infos/idee/vorschlaege-der-gemeinwohl-oekonomie, abg. am 9. 9. 2015

[123] Felber, „Gemeinwohl-Ökonomie", S. 87

Kooperation statt Konkurrenz, echte Demokratie, das Schlie-
ßen der Schere zwischen Arm und Reich, ein Ende des perver-
sen Wachstumszwangs, sinnvolle, umweltgerechte Produkte,
nachhaltige Produktion, faire Entlohnung, eine Abschaffung
des Finanzmarktes: Die Gemeinwohl-Ökonomie klingt nach
Meinung der Verfasser nach genau all dem, was die Menschheit gerade dringendst braucht.

Mit dem Schlusswort seines Vortrags kam Christian Felber
wieder an den Anfang zurück: „Die Gemeinwohl-Ökonomie
ist der Aufbruch zu einer ethischen Marktwirtschaft, deren
Ziel nicht die Vermehrung von Geldkapital ist, sondern das
gute Leben für alle."

„Das ist eigentlich ziemlich genau das, was wir schon seit Jahren machen", dachten sich Willi und Astrid und fassten den
Entschluss, sich das alles genauer anzusehen. Sie schlossen
sich als Unternehmen der Gemeinwohl-Ökonomie-
Bewegung an. Der logische nächste Schritt bestand
darin, eine Gemeinwohl-Bilanz[124] zu erstellen, die
vorwegnimmt, was planmäßig per EU-Richtlinie 2017
Gesetz werden soll: „die Offenlegung nicht finanzieller Informationen von Unternehmen".[125]

[124] Jederzeit einsehbar unter
http://www.culumnatura-
naturkosmetik.com/pages_
file//de/112/Culumnatura_
Gemeinwohl_Bericht_2013.pdf

[125] „Die Gemeinwohl-Bilanz", S. 2

In diesem Zusammenhang kam es zur Begegnung mit Katharina Kronsteiner. Nach langen Jahren in Großkonzernen war sie
zu diesem Zeitpunkt selbstständig tätig als Unternehmens-
beraterin. Einen Schwerpunkt ihrer Tätigkeiten bildete die Be-
gleitung von Unternehmen bei der Erstellung einer GWÖ-Bi-
lanz. Wie sich herausstellte, war die Begegnung in gewisser
Weise eine Wiederbegegnung: Katharina war noch in den spä-
ten 90er-Jahren erstmals mit CULUMNATURA in Berührung
gekommen, als glückliche Kundin eines der ersten Wiener
Naturfriseur-Salons mit den Ernstbrunner Produkten. „Ich
habe sogar meine Hochzeitsfrisur dort machen lassen." Zu
ihrem Leidwesen übersiedelte der Salon aber in einen anderen, für sie ungünstig gelegenen Teil Wiens, und Katharina

stellte nach etlichen unbefriedigenden Versuchen mit konventionellen Friseurinnen für Jahre das Besuchen von professionellen Hairstylisten gänzlich ein: „Ich war als Kundin einfach unzufrieden, weil nicht so auf mich eingegangen wurde, wie ich mir das vorgestellt hatte, und hab' mir meine langen Haare einfach selber gekürzt."

„Wer hätte damals gedacht", wundert sich Katharina ein wenig über die verworrenen Wege des Schicksals, „dass ich diesem Unternehmen überhaupt nochmals begegnen würde – mehr als 15 Jahre später und dann auch noch unter so anderen Voraussetzungen?" Jedenfalls schloss sich der Kreis: Für die insbesondere beim ersten Mal schon sehr umfassende Bilanzierung benötigte CULUMNATURA fachlichen Beistand – man muss sich in die neuartige Materie, die ungewohnten Denkweisen erst einarbeiten. Über mehrfache Treffen ergab sich eine immer intensiver werdende, in die Tiefe gehende Zusammenarbeit, im Zuge derer allen Beteiligten klar wurde, wie sehr man auf derselben Wellenlänge unterwegs war. Das betraf nicht nur die inhaltlichen Details des mit 479 Pluspunkten von 1000 möglichen sehr respektablen Ergebnisses der Bilanz, sondern vor allem die grundlegende Motivation für die Bilanzierung – einen wohlwollend-kritischen Blick auf das eigene Tun zu werfen, um in den Stärken bestätigt zu werden bzw. jene Aspekte herauszuarbeiten, bei denen die meiste Luft nach oben zu finden ist. Und die vielleicht wesentlichste Erkenntnis: Den Betrieb, der nichts mehr besser machen könnte, gibt es nirgends und noch lange nicht, alle und alles unterliegt, wie auch die GWÖ selbst, einem permanenten demokratischen Entwicklungsprozess. Dementsprechend wurde man nach der Bilanzierung gezielt aktiv, sowohl nach innen als auch nach außen: Die Gemeinwohl-Bilanz fragt naturgemäß auch danach, inwieweit Unternehmenstätigkeiten einen „Beitrag zum Gemeinwesen" leisten, und weil dieser Bereich trotz einiger Errungenschaften – siehe weiter unten – als einer jener mit Luft nach oben verortet wurde, brachte man sich auch in dieser Hinsicht vermehrt ein. „Als ich beim

Spazierengehen einmal in einen Pestizidnebel geriet, weil ein Bauer gerade sprühte", erzählt Astrid, „ist mir wieder einmal bewusst geworden, dass es rund um Ernstbrunn zu wenig Öko-Landwirtschaft gibt." Nur diesmal ließ sie es damit nicht auf sich beruhen, versicherte sich Willis selbstverständlich gegebener Rückendeckung und aktivierte den Ernstbrunner Bürgermeister, bei dem sie, wie sie sagt, „offene Türen einrannte". Es entstand die Gemeinde-Initiative DUE – Deine Umwelt Ernstbrunn –, die als Erstes ein Heftchen mit einem Verzeichnis regionaler (Bio-)Anbieter von Lebensmitteln zusammenstellte. Auch Astrid wurde aktiv: „Ich habe jahrelang Vorträge vor Landfrauen gehalten[126]. Die Frauen bestimmen, ob konventionell oder bio angebaut wird. Das sind nicht die Männer, das denken die nur. Wir haben sie zu uns eingeladen, sie haben Naturkosmetik und Pflanzenhaarfarbe kennengelernt, das Thema Abwässer wurde angeschnitten, eine Grundinformation als erster Schritt." Auf diesem Weg der „wertfreien Information", wie Astrid betont, werde man sich weiterhin einbringen. Und hat damit offenbar einen Impuls gegeben, der sich in positiver Weise verselbstständigt hat: Mittlerweile hat etwa Die Landspeis[127] einen Container in Ernstbrunn aufgestellt, den vierten in der Region. Dabei handelt es sich um „eine Speisekammer, die sieben Tage die Woche geöffnet hat und den Einkauf biologischer Lebensmittel erleichtert". Sie funktioniert ohne Verkaufspersonal, man nimmt sich, was man braucht und legt das Geld dafür passend hin: Kontrolle ist gut, Vertrauen ist besser.

[126] als ärztlich geprüfte Gesundheitsberaterin in Hessen

[127] http://www.landspeis.com

Das Unterstützen sinnstiftender Vorhaben ist Teil des sozialen Engagements des Betriebs und in Gestalt des personifizierten Unternehmens – Astrid: „Willi ist die Firma." – seit jeher eine Selbstverständlichkeit. Ob als Pfadfinder, Tierschützer, Lehrherr im konventionellen Salon, der seine Wochenenden opferte, um seine Schützlinge zum Preisfrisieren zu fahren: Stets lag Willi das Wohlergehen anderer auf dem Herzen. Dieser Geist bestimmt auch die Einstellung der Firma, die sich z.B. einige Jahre lang für Schmetterlingskinder einsetzte:

„Wir haben ihnen und ihren Angehörigen kostenfreie Aufenthalte bei uns ermöglicht samt dem Besuch von eigens für sie zusammengestellten Seminaren. Ein Ärzteteam und eine deutsche Heilpraktikerin haben sie permanent betreut, was immer sie an Pflegeprodukten benötigten, haben wir ihnen gratis zur Verfügung gestellt", erzählt Astrid.

Willi berichtet von weiteren Initiativen: „Die Behindertenhilfe Bezirk Korneuburg leitet die Werkstätte Pfiffikus. Wir lassen dort unsere Bürsten verpacken, einiges wird auch gefertigt und etliches sortiert. Die Pfiffikus-Mitarbeiter machen das sehr liebevoll und genau. Außerdem arbeiten wir mit der Justizvollzugsanstalt in Sonnberg/Hollabrunn zusammen; in der dortigen Werkstätte werden Spezialaufträge von uns von Strafgefangenen umgesetzt." Der gemeinsame Nenner der sozial geprägten Projekte lautet: Hilfe zur (aktiven) Selbsthilfe. „Geld spenden wir nur in Ausnahmefällen", stellt Willi klar. „Das passt nicht so zu unserer Philosophie."

Dementsprechend hilft man auch in der Flüchtlingskrise, dem zum Zeitpunkt der Entstehung dieser Zeilen alles beherrschenden Thema – und weiß sich damit mitten in der Ernstbrunner Gesellschaft. Der Schlossherr, Heinrich XIV. Fürst Reuß, nahm im September in einem eigens renovierten Nebengebäude sechs syrische Erwachsene und fünf Jugendliche auf, die von CulumNATURA naheliegenderweise mit Körperpflegeartikeln vesorgt wurden, aber auch mit von einer Mitarbeiterin selbstgenähten Gardinen, von Willi organisierten Heizöfchen ... Man hat für sie eingekauft, gesammelt, vom Apfel und der Bettwäsche bis zur Zahnbürste alles organisiert, was man so braucht, „wenn man einigermaßen normal leben möchte", drückt es Astrid aus. Die Gemeinde rückt zusammen, begleitet die Syrer durch den Ort, leistet Amtshilfe, unterstützt beim Finden eines Schulplatzes, auch ein ehrenamtlicher Deutschkurs für die Erwachsenen wurde arrangiert. Es gibt eine Liste, auf der man sich eintragen kann: habe Zeit, spende Einkaufsgutscheine, übernehme Fahrtendienste.

Vielleicht fragt sich an dieser Stelle die geschätzte Leserin, der geneigte Leser, was das noch mit dem wirtschaftlichen Gebaren eines kleinen niederösterreichischen Unternehmens und der Gemeinwohl-Ökonomie zu tun hat. Kurz gesagt: alles – zumindest nach Meinung von Papst Franziskus, der als Ursache der Fluchtbewegungen „ein falsches und ungerechtes soziales und wirtschaftliches System"[128] ausmacht und anprangert. Genau jenes System, dem die GWÖ ihre positive Alternative entgegenstellt, mit der Willi sich dank weitgehender Deckungsgleichheit so gut identifizieren kann.

Und noch etwas verdeutlicht uns das humanitäre Verhalten der Ernstbrunner: Geht es um anständiges Verhalten, darum, „das Richtige zu tun", wie es weiter oben über Willi hieß, verschwinden weltanschauliche Unterschiede. Ernstbrunn ist ja, wie schon erwähnt wurde, politisch gesehen stark ÖVP-lastig, also wertkonservativ und katholisch bzw. christlich-sozial. Die Gemeinwohl-Ökonomie wiederum wird im Allgemeinen auf der (weit) linken Seite des politischen Spektrums verortet – auch wenn sie sich selbst ganz bewusst keinem politischen Lager zurechnet. Nicht zuletzt, weil Lagerdenken naturgemäß unkooperativ ist und damit einem der Fundamente der GWÖ widerspricht.

Die Gemeinwohl-Ökonomie, die von CULUMNATURA gelebten Werte, christlich-soziales Denken, Wirtschaftswissenschaften[129]: Es fügt sich alles zusammen. Und dafür ist es angesichts

....

[128] *Kurzmeldung in der Standard: „Zwei Flüchtlingsfamilien sollen bei Vatikan wohnen", 15.9.2015*

[129] *Am 18. September 2015 eröffnete an der Wiener Wirtschaftsuniversität das Forschungsinstitut für Verteilungsfragen „Economics of Inequality". Titel des Eröffnungsvortrags von Michael Förster, Social Policy Division der OECD: „Wir sitzen alle im selben Boot – warum weniger Ungleichheit für alle von Vorteil ist" („In It Together – Why Less Inequality Benefits All")*

Multis-freundlicher Politik, immer noch freierem Handel à la TTIP[130], Steuerschonung seitens der Global Player in Milliardenhöhe, Ausbeutung billiger Arbeitskräfte, fortschreitender Umweltschädigung und Ressourcenvernichtung, Klimawandel und was der neoliberalen Früchte da noch so ist hoch an der Zeit, denn: „Es geht um alles"[131].

Und dabei zählt jeder Beitrag, egal wie klein. Ob Einzelperson, ein KMU[132] oder Big Player, entscheidend ist, dass die Absicht stimmt: zum eigenen und dem Wohl aller Wesen. Das mag jetzt manchen allzu naiv erscheinen und insofern gegen den Strich gehen, andere lachen sich vielleicht ins Fäustchen, weil sie noch dem alten Denken angehören und glauben, wenn alle brav für das Gemeinwohl tätig sind, bleibt ihnen als letzten Egoisten mehr für sich. Konsequent und mit Blick auf das große Ganze ist ein Verhalten zum eigenen und dem Wohle aller aber einfach nur logisch. Nehmen wir den unseligen Spruch „Geht es der Wirtschaft gut, dann geht es allen gut". Kann nicht funktionieren, weil niemals das Wohlergehen eines Teils des Ganzen gleichbedeutend mit dem allgemeinen Wohl sein kann. Sehr deutlich wird das, wenn man die „Wirtschaft" in diesem dumpfen Lobbyslogan durch etwas anderes ersetzt: „Geht es der Regierung gut, dann geht es allen gut." „Geht es den Multis gut, dann geht es allen gut." „Geht es der Fußballnationalmannschaft gut, dann geht es allen gut." „Geht es mir gut, dann geht es allen gut."

Wer wollte so einen Unsinn glauben? Die einzige unwiderlegbare Aussage in dieser Form kann nur lauten: „Geht es allen gut, dann geht es allen gut." Das ist natürlich ein unerreichbares Ziel – aber zumindest die Richtung stimmt.

Dieses Kapitel soll aber nicht mit dem Eindruck enden, die GWÖ sei der Versuch, eine Welt aus karitativen Initiativen zu errichten: Auch Unternehmen, die sich den Prinzipien einer ethischen Marktwirtschaft verschrieben haben, müssen ökonomisch reüssieren, andernfalls wäre es zum einen um ihr ei-

[130] *Die Transatlantic Trade and Investment Partnership (Transatlantische Handels- und Investitionspartnerschaft) ist ein Handelsabkommen, das die Europäische Kommission im Auftrag der Mitgliedsländer seit 2013 mit den USA verhandelt. Das offizielle Ziel ist die Schaffung von Wirtschaftswachstum und Arbeitsplätzen durch die Angleichung der jeweiligen Gesetze und Regeln beider Wirtschaftsregionen – Abbau jeglicher Handelshemmnisse – und die Stärkung von Investorenrechten. Aufgrund der geheim und abseits demokratischer Kontrolle bzw. Einflussnahme ablaufenden Verhandlungen gehen TTIP-kritische Stimmen davon aus, dass das tatsächliche Ziel mit der Frage zu umschreiben ist, die Christian Felber als Untertitel seines Buches zum Thema gewählt hat: „Alle Macht den Konzernen?" Dabei stehen mühsam errungene Standards in Sachen Menschenrechte, Umweltschutz, öffentliche Dienstleistungen, Sozialleistungen uvm. auf dem Spiel.*

[131] *Trojanow, Umschlagseite*

[132] *Kleine und mittlere Unternehmen umfassen laut Definition der EU-Kommission Betriebe ab zehn bis 49 bzw. 50 bis 249 Mitarbeiterinnen und Mitarbeiter.*

genes Wohl schlecht bestellt, zum anderen könnten sie wenig zum Gemeinwohl beitragen.

Auf dieser betriebswirtschaftlichen Ebene sah sich Willi wenige Monate nach dem Abschluss der GWÖ-Bilanzierung mit einer Umsetzungs- und Organisationsaufgabe konfrontiert, deren wahres herkulisches Ausmaß anfangs noch gar nicht absehbar war: dem Nachweis der Good Manufacturing Practice. Was anstand, war nichts weniger als die schlüssige, lückenlose Dokumentation jedes einzelnen Produktionsschrittes jeder Charge jedes Produkts von der Herkunft jeder Zutat über die genaue Beschreibung des Herstellungsprozesses bis zu Abfüllung, Verpackung und Lagerhaltung. Willi, der Freigeist, fühlte sich wie ein Marathonläufer, dem auf halber Strecke ein 50-Kilo-Rucksack umgehängt wird.

Aber da hatte man doch gerade erst mit jemandem zu tun gehabt, der sich auf das Schaffen und Optimieren von betrieblichen Organisationsstrukturen verstand – und zugleich der GWÖ-Bewegung angehörte und die von Willi und Astrid vertretenen Werte verstand und lebte. Katharina Kronsteiner übernahm die Aufgabe und machte im Zuge ihrer Bewältigung aus vielen Arbeitsschritten im Unternehmen ineinanderlaufende Prozesse. Der enorme bürokratische Aufwand hatte sich so „definitiv gelohnt", hielt Willi, bekanntermaßen mit wenig Langmut für amtliche Vorschriften ausgestattet, mit seiner von ihm selbst wohl am wenigsten erwarteten lobenden Erkenntnis nicht hinter dem Berg. Katharina stieg voll bei den Ernstbrunner Naturkosmetik-Pionieren ein, mit denen sie ein bald bestens eingespieltes, einander ideal ergänzendes Team bildete. Formell teilte man sich die Aufgaben: Willi, der kreative Kopf, behielt sich die technische Geschäftsführung, Katharina, die Fachfrau für Strukturen, Prozesse und Organisation, übernahm 2014 die kaufmännische Geschäftsführung[133]. In der Praxis fließen die Aufgabenbereiche ineinander. Für eine Fortführung der Geschäfte im Geiste des Gründers ist das Unternehmen damit gut aufgestellt.

[133] Zum gegenwärtigen Zeitpunkt, Mitte 2016, bleibt Katharina auch noch Zeit, ihr GWÖ-Engagement fortzuführen, etwa in Form der AEMS Summer School in Wien (AEMS steht für Alternative Economic and Monetary Systems – Alternative Wirtschafts- und Geldsysteme). Sie ist Mitinitiatorin und Teil des Steering Committee der Schule für „die Wirtschaft der Zukunft".

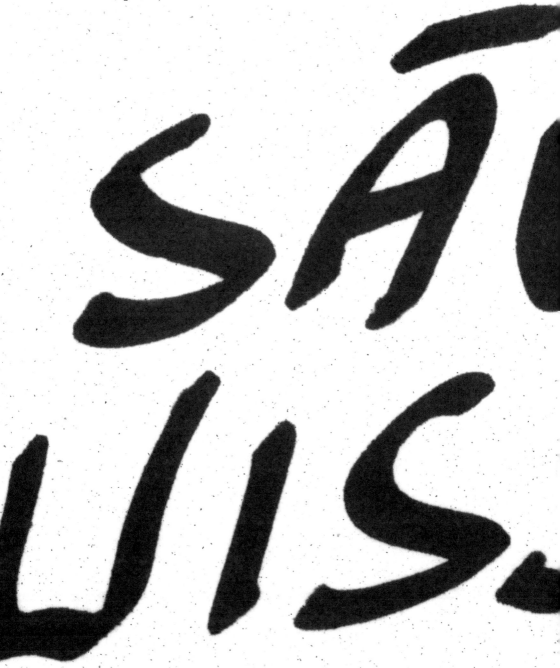

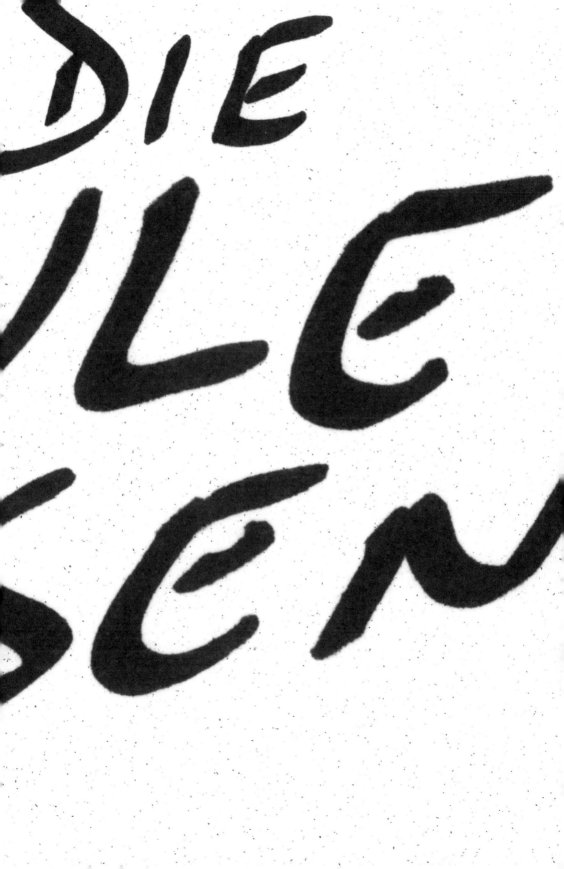

5. Kapitel

Willis drittes großes Anliegen neben der Ökologie und Fairness in finanzieller, sozialer und wirtschaftlicher Hinsicht ist es, den Friseurinnen und Friseuren auf lange Sicht wieder zu mehr Ansehen zu verhelfen. Um dieses Ziel zu erreichen, werden gut und ganzheitlich ausgebildete und schnitttechnisch versierte Fachkräfte benötigt statt Billig-Scherern ohne Umweltbewusstsein und Hintergrundwissen rund um Haut und Haar.

Für die Entwicklung des Ausbildungskonzepts „Haut- und Haarpraktiker" nahm der Naturfriseur-Pionier diverse Negativ-Anleihen bei den branchenüblichen (Verkaufs-)Seminaren – soll heißen, er schaute sich dort ab, wie es nicht gemacht werden sollte, und machte es selbst entsprechend besser.

So stieß er sich an den als „Seminaren" angepriesenen Werbeveranstaltungen für die neuesten, überwiegend aus reiner Geschäftemacherei überhaupt entstandenen Produkte, bei denen man in aller Regel vor allem eines nicht erfuhr: was denn nun in den Kosmetika tatsächlich enthalten ist. Zum einen, weil ein Geheimnis daraus gemacht wurde, zum anderen, weil fachfremde Verkaufsprofis als Seminarleiter fungierten.

Die Antithese Marke Willi Luger sieht so aus:

Es kommen ausschließlich Referentinnen und Referenten vom jeweiligen Fach infrage, die zuvor eine spezielle Ausbildung absolviert haben. Nachdem Willi anfangs den Alleinunterhalter in Sachen Seminarleitung gemacht hatte, teilen sich diese Aufgabe mittlerweile 16 Damen und Herren. Alle stehen mit beiden Beinen aktiv im Berufsleben, sodass sie wirklich aus eigener Erfahrung und Praxis und vom jeweils letzten Stand der Dinge aus vortragen können. Zudem kommen alle Vortragenden zweimal im Jahr zu internen Workshops, um Lehrinhalte zu überprüfen und zu ergänzen und ganz allgemein die Qualitätssicherung der Module zu gewährleisten.

Es wird, mit zwei Ausnahmen, nicht produktbezogenes ganzheitliches Hintergrundwissen vermittelt – über Ernährung, Haut und Haar als Indikatoren für das Befinden eines Menschen, Zusammenhänge in Verbindung mit Beratungstraining, Kopfmassage unter Einbeziehung der Meridianlehre, Haare schneiden für Naturfriseurinnen und -friseure usw. Astrid Luger erklärt den Inhalt ihres Ausbildungsmoduls so: „Die Teilnehmenden erkennen, dass ‚du bist, was du isst', dass schönes Haar und dergleichen nur in einem ausgeglichenen Umfeld möglich sind und mit einer optimalen Ernährung und Pflege einhergehen. Auch, dass uns bei manchen Ereignissen buchstäblich ‚die Haare zu Berge stehen'."

Die diversen Besonderheiten der Fach-Naturkosmetik machen es unumgänglich, in zwei der acht Module der Ausbildung zur Haut- und Haarpraktikerin ganz konkret auf die Produkte des Ernstbrunner Naturkosmetik-Produzenten einzugehen. Wie schon erwähnt sind das die Ausbildungsmodule „Haut- und Haarpflege", in dem der Umgang mit allen Produkten mit Ausnahme der Pflanzenhaarfarben geschult wird als Voraussetzung für den Erwerb des Startpakets und dessen Verwendung, sowie „CULUMNATURA-Pflanzenhaarfarben", in dem die Praxis mit den satuscolor-Pflanzenhaarfarben im Fokus steht und das gleichfalls absolviert werden muss, um mit den Pflanzenhaarfarben arbeiten zu dürfen. Die anderen sechs Module der Ausbildung zur Haut- und Haarpraktikerin informieren produktneutral:

→ Die Haut (das größte Ausleitungsorgan des Körpers als Spiegelbild der Seele)

→ Das Haar (Haarbild, Haarqualität, Haarpflege, Kopfhaut, Meridiane)

→ Bewusst(er)leben (Gesund und vital im Salon und zu Hause; Textilherstellung kritisch gesehen, Kneipp'sche Maßnahmen, Wohngifte und Elektrosmog ...)

→ Vitalstoffreiche Ernährung (Du bist, was du isst)

→ Kopfmassage (Vom Kopf aus lässt sich der ganze Mensch berühren)

→ Beratungstraining (Abschlussmodul, Workshop zur Verbindung von allem Erlernten und der Umsetzung in gelungene Beratung im Salon)

Weiters gibt es ein eintägiges Motivationsseminar „Zukunftschance Naturfriseur", das der Chef immer noch gerne auch höchstpersönlich mit der Unterstützung einer Naturfriseurin aus der Region hält – jedes Mal eine willkommene Gelegenheit für Willi, seine Vision einem hellhörigen Publikum näherzubringen. Und Weiterbildungsmodule: „CULUMNATURA-Pflanzenhaarfarbe für Fortgeschrittene", „Haare schneiden für NATURfriseurInnen – Mittelpunkt Mensch", „Fit up für Haut- und HaarpraktikerInnen – Salon kompakt". Dies hier in aller Kürze nur zur besseren Verständlichkeit des Folgenden[134].

[134] *Näher über die Inhalte der Ausbildungsmodule, die Referentinnen und Referenten sowie Termine und Preise kann man sich jederzeit auf der Website von CULUMNATURA informieren.*

Landesberufsschule Hollabrunn und die Natur der Sache

Das über Jahre ausgefeilte, laufend aktuell gehaltene Ausbildungskonzept hat sich vielfach bewährt und wurde 2010 schließlich reich belohnt. Im Jahr zuvor war der Lehrplan an den niederösterreichischen Berufsschulen um das Fach „Fachberatung Wellness und Gesundheit" erweitert worden. Doris Weingartshofer, Martha Wurz, Anita Fassolder und Elisabeth Wimmer, allesamt Lehrerinnen an der Landesberufsschule (LBS) Hollabrunn, wollten diesen Lehrplan bestmöglich erfüllen. Angesichts der unübersehbaren Gesundheitsprobleme in ihrer Branche war klar, was das bedeutet: Es brauchte eine eindeutige Alternative zu all dem, was die diversen Friseurberufskrankheiten verursacht – den Naturfriseur. CULUMNATURA war schnell gefunden: Deren Konzept überzeugte rundum, zudem liegen Ernstbrunn und Hollabrunn weniger als 30 Kilometer voneinander entfernt. Zunächst präsentierte Willi in einer der zehn Ausbildungswochen pro Semester seine Philosophie und führte die Schülerinnen in das Arbeiten mit Naturkosmetik und Pflanzenhaarfarbe ein, Astrid nahm sich der Aufklärung in Sachen Ernährung an. „Den Schülerinnen und Schülern hat's getaugt", hält Doris Weingartshofer zufrieden fest. Auch, weil die milden Naturshampoos endlich Erleichterung für die geplagten Hände brachten. Auch, weil ihnen so manche chemisch beißende Geruchsbelästigung erspart blieb und es stattdessen nasenschmeichelnd zuging. Vor allem aber aus optischen Gründen: „Die Haare glänzen so schön", erinnert sich die Lehrerin an einen der häufigsten Kommentare ihrer Schützlinge. Die Bedeutung dieser schlichten Feststellung kann man kaum hoch genug einschätzen, dazu aber mehr im Schlusskapitel.

Der überaus positive Respons bestärkte die Lehrerinnen natürlich. Da traf es sich gut, dass die Berufsschule genau zu dieser Zeit neue Lehrsalons eröffnete: Man beschloss, einen der beiden Salons als Naturfriseur-Salon nach CULUMNATURA-Vorbild zu gestalten und den Input der Ernstbrunner deutlich zu erhöhen. Seit dem Schuljahr 2010/11 wird außer „Fachberatung Wellness und Gesundheit" auch das Fach „Damenbedienung und Schönheitspflege" mit von CULUMNATURA erarbeiteten Inhalten bestritten, komplett in Theorie und Praxis. Zudem fließt vieles in das Projektpraktikum ein. Insgesamt summiert sich der Naturfriseur-Beitrag auf annähernd die Hälfte der gesamten Ausbildung.

„Beratung ist das Allerwichtigste", betont Weingartshofer unisono mit Willi und Astrid die Bedeutung von Hintergrundwissen, ohne das keine fundierte Beratung möglich wäre. „Sie (die Schüler und Schülerinnen) müssen die Produkte erklären können und den Kundinnen und Kunden, warum sie diese in ihrem Fall einsetzen. Dafür braucht es auch den geschulten Blick auf den Zustand von Haar und Haut." Sowie eine ordentliche Dokumentation, was in der Ausbildung durch das Anlegen einer Projektmappe gelehrt wird. Wichtig seien auch, fügt die Berufsschullehrerin hinzu, Ehrlichkeit und ein Bewusstsein für die Grenzen des Möglichen: „Was Natur kann und was nicht muss klar kommuniziert werden. Wenn sich etwas mit dem Kundenwunsch nicht vereinbaren lässt, wird es nicht gemacht."

Um die Bedeutung und die Ernsthaftigkeit der neuen Lehrinhalte weiter zu unterstreichen, wurde eine Zertifizierung eingeführt: Wer möchte, kann am Ende der dreijährigen Berufsschulzeit zusätzlich zur regulären Lehrabschlussprüfung im Fach Wellness und Gesundheit antreten. Ein Erfolg dabei wird gleichgesetzt mit der Absolvierung des CULUMNATURA-Ausbildungsmoduls „Haut- und Haarpflege", was die Berechtigung mit sich bringt, mit den Produkten des Pionierbetriebs zu arbeiten – auch in einem ansonsten konventionellen Salon, wenn die dortige Chefetage es zulässt. Außerdem wird den Natur-Zertifizierten die Möglichkeit geboten, binnen eines Jahres ein weiteres Ausbildungsmodul nach freier Wahl kostenlos zu besuchen.

2013, bei der ersten Gelegenheit, machten drei Schülerinnen davon Gebrauch. Die feierliche Überreichung der ersten Urkunden war ein Ereignis, das sich auch die Landesinnung nicht entgehen ließ. Und auch Lydia Streicher nicht, Absolventin der LBS Hollabrunn und zu diesem Zeitpunkt jüngste Naturfriseurin Österreichs: Für sie war zwar der neu eingeführte Lehrgang ein Jahr zu spät gekommen, aber auch ohne Zertifikat war ihr vom ersten Kontakt mit dem Ernstbrunner Betrieb an klar gewesen, dass es das für sie ist: „Ich werde Naturfriseurin", eröffnete die 17-Jährige Willi nach seiner Präsentation, und der freute sich sehr und wunderte sich nur ein ganz klein wenig. „Die wilden Hühner" in der Berufsschule leuchteten in allen Farben des Regenbogens, und Lydia mit ihren Piercings und grünpinker Haartracht war, wie der bevorzugt in naturweißes Leinen gehüllte und mit ebenso naturweißer Lockenpracht gesegnete Willi sich schmunzelnd erinnert, die „wildeste von allen". Sympathie und Verständnis passten aber ungeachtet der unterschiedlichen Styling-Konzepte und dem Altersunterschied von zwei Generationen von Anfang an, und Lydia erwies sich als ausgesprochen zielstrebig und durchsetzungsfähig. (Als Wirtshaustochter hatte sie von klein auf gelernt, sich zu behaupten – mit viel Kraft und einem charmanten Lächeln.) Kaum zwei Jahre nach ihrem Lehrabschluss eröffnete sie 2013, noch keine 20, ihren eigenen Salon in dem 1.000-Seelen-Ort Hohenwarth im Weinviertel (Niederösterreich), und trotz über die Straße gelegenen Mitbewerbs funktionierte der Laden von Anfang an so gut, dass sie sich ein Jahr später bereits auf die Suche nach Verstärkung machen musste. „Ich hab Kundinnen, die stehen um vier Uhr früh auf, damit sie um acht bei mir sein können", erklärt sie nicht ohne berechtigten Stolz, was bei ihr Kundenbindung bedeutet. Wer einen Termin bei ihr möchte, sollte etwa ein Vierteljahr im Voraus planen ... Ihre eigene Erklärung für ihren Erfolg ist so schlicht wie fundamental: „Ich habe meinen Beruf sehr gern." Sie hat es sogar geschafft, ihre unmittelbaren Nachbarn zu überzeugen: „Mittlerweile kommen auch Hohenwartherinnen zu mir." Das Prophet-im-eigenen-Land-Problem, von dem Willi ein Lied singen kann, ist auch Lydia Streicher nicht verborgen geblieben, aber anscheinend ist Land in Sicht.

Dies vor allem auch deshalb, weil der Nachwuchs seinem Namen gerecht wird: Er wächst, ja drängt geradezu nach. Der von CULUMNATURA geprägte Teil der Ausbildung zum „Friseur und Perückenmacher", wie die offizielle Berufsbezeichnung lautet, an der LBS Hollabrunn ist mittlerweile fest etabliert, und immer mehr treten auch zur freiwilligen zusätzlichen Abschlussprüfung an. 2014 waren es im Schnitt acht Berufsschülerinnen je Quartal, 2015 schon zwölf je Quartal, d. h. bei jedem Ausbildungsblock mehr als die halbe Klasse. Bemerkenswert ist das vor allem angesichts des ansonsten alarmierenden Rückgangs der Lehrlingszahlen im Friseurberuf.

Berufsschule Goldschlagstraße Wien

„Der Beruf der Friseure ist ein wenig ins Negative geraten. Das Imageproblem, an dem wir Friseure zum Teil selbst schuld sind, gehört so schnell wie möglich beseitigt. Außerdem gibt's ein massives Problem damit, geeignete Lehrlinge und geeignetes Personal zu finden, da ist auch die Allgemeinbildung ein großes Thema. Das fachliche Problem ist, dass viele Salons so kleingeschrumpft sind und auf minimalem Personalstand arbeiten, dass sie sich zusätzliche Fachausbildung einfach nicht leisten können – weil's zu teuer ist und in der Arbeitszeit stattfinden müsste."

Martin Klinka ist Friseur und Lehrer an der Berufsschule für Haar- und Körperpflege Goldschlagstraße, Wien XIV. Seine Zustandsbeschreibung des Friseurgewerbes deckt sich in vielem mit Willis, und wie der Luger nimmt der jugendlich wirkende, dynamische Mittvierziger Probleme ausschließlich als Ansatzpunkte für deren Lösung wahr. Die erhielt in diesem Fall den Titel Classroom 20.20 und ist ein innovatives Ausbildungskonzept, bei dem Friseurbetriebe, die ebenfalls über Nachwuchsmangel klagenden Hersteller und Lehrlinge mithilfe der Schule als Bindeglied in so noch nicht dagewesener Weise für das gemeinsame Ziel zusammenarbeiten.

Das läuft folgendermaßen ab: Partnerfirmen übernehmen Patenschaften für ein Jahr und eine Klasse und bestreiten mit eigenem Fachtrainingspersonal je fünfmal fünf Stunden lang den Unterricht. Da das während der regulären Unterrichtszeit erfolgt, wird der Lehrbetrieb nicht durch eine vermehrte Abwesenheit des Lehrlings belastet. „Für jeden eine Win-win-Situation", ist sich Martin Klinka sicher. „Wir stärken die Schwächsten, wir versuchen die Industrie mit Leuten zu versorgen, wir versuchen die Betriebe über die zusätzliche Ausbildung ihrer Mitarbeiter zu unterstützen, und im Prinzip kostet es niemanden was."

„Im Prinzip" heißt: Es fließt kein Geld, aber natürlich schult das von den Firmen abgestellte Trainingspersonal die Berufsschülerinnen und -schüler nicht für Gottes Lohn, sondern im Rahmen des jeweiligen Dienstvertrags. Deshalb kann das innovative Konzept auch nicht beliebig auf andere Schulen ausgeweitet werden, da die Firmen nicht über die Ressourcen verfügen, in letzter Konsequenz sämtliche Berufsschulen mit Lehrenden zu beschicken. Das wäre aber auch gar nicht im Sinne des Erfinders: „Ich will nicht die Masse bedienen mit dem System", hält der Berufsschullehrer fest, „sondern die Motivierten zu noch motivierteren Leuten machen, auf dass sie nach außen tragen, was das für ein lässiger und schöner Beruf ist."

CULUMNATURA ist die Ehre zuteil geworden, als einziger nicht-konventioneller Hersteller die Naturfriseur-Fahne hochzuhalten. Das Unterrichten der Theorie an den Naturfriseur-Tagen übernimmt Willi selbst, Astrid bringt sich als Ernährungsexpertin ein, und Lydia Streicher zeigt den Schülerinnen und Schülern die Praxis mit Pflanzenhaarfarben und Naturkosmetika. Nicht nur an der Wiener Berufsschule ist das „Postergirl" des niederösterreichischen Pionierbetriebs zum unentbehrlichen Bindeglied zur jungen Generation geworden. Auf die Frage, ob ihre Jugend je ein Problem als Referentin dargestellt habe, sagt sie: „Nein, im Gegenteil, es werden jetzt immer mehr Junge, die zu den Seminaren kommen, und für die bin ich ganz klar die erste Ansprechperson. In der Berufsschule hätte ich mir tatsächlich erwartet, dass die Schülerinnen eher zu Willi aufblicken würden. Sie sind aber zu mir gekommen."

Willi hatte das bereits bei einem früheren Anlass erzählt, und wie immer, wenn die Rede auf Lydia kommt, leuchtete auch bei dieser Gelegenheit väterlicher Stolz aus seinen Augen. (Auf allen gemeinsamen Fotos kann man sehen, wie Willi und Astrid hinter Lydia stehen – und strahlen.) Beim Thema Bildung und Ausbildung sind wir beim Kern aller Luger'schen Wünsche und Bestrebungen angelangt: Es soll ja weiterge-hen, es soll weiterbewegt werden, und da ist es schön und eine große Erleichterung, wenn die richtigen jungen Menschen sich zur rechten Zeit einfinden, um das Staffelholz zu über-nehmen. Die junge Friseurin identifiziert sich voll und ganz mit dem Firmenkonzept: Sie hatte in ihrem ersten, noch kon-ventionellen Gesellinnenjahr an schwerem Friseur-Asthma gelitten und von ihrem Arzt eine unmissverständliche Pro-gnose erhalten – „Entweder machst was anderes oder du wirst krank." Da sie aber unbedingt als Friseurin arbeiten wollte, rief sie Willi an und bekam prompt die Chance, bei ei-ner Franchise-Partnerin in Deutschland anzufangen, Sabine Zimmermann. Dort war ihr nach 14 Tagen klar, dass auch sie sich selbstständig machen würde. In dieser kompromisslosen Tatkraft ist viel von Willis Herangehensweise wiederzufinden, wie auch in Lydias Ganz-oder-gar-nicht-Haltung: „Ich schätze an CULUMNATURA am meisten, dass sie zu 100 Prozent hin-ter ihrer Philosophie stehen und ihre Produkte zu 100 Prozent Natur sind. Salons nach diesem Konzept sind noch selten, in meiner Gegend bin ich weit und breit die Einzige. Es gibt in Österreich schon etliche, die Chemie und Natur machen, aber das stand für mich nie zur Debatte, weil entweder mach ich's gleich g'scheit oder gar nicht."

Der Anspruch von CULUMNATURA, dass ihre Philosophie am besten funktioniert, wenn man sich ihr mit Haut und Haaren verschreibt (der kleine Kalauer musste jetzt sein), wird von außen mitunter kritisch beäugt und als übermäßig dogmatisch empfunden. Das ist ungerechtfertigt. Nicht nur, weil es einfach ein Faktum ist, dass die nach einem stimmigen und in sich geschlossenen Baukastenprinzip gefertigte Ernstbrunner Fachkosmetik natürlich am besten mit sich selbst kann. Es stimmt auch nicht, weil zur Dogmatik auch der Wille gehörte, diese (einzige) Meinung allen anderen aufs Aug' zu drücken. Das geschieht nicht: Willi brennt für seine Überzeugungen und liebt es, Impulsgeber zu sein, weshalb er auch nach wie vor so viele „Zukunftschance Naturfriseur"-Motivationsseminare selbst hält wie möglich. Er missioniert aber nicht in dem Sinn, dass er irgendjemanden zu irgendetwas drängt. Bei all den Hürden, die auf dem Weg zur Natur mit Willi zu überwinden sind – Ausbildung, Startpaket, ein völlig neuer Ansatz – ist eher das Gegenteil der Fall, die angehenden Culumnistas brauchen eine Menge an innerer, ureigener Überzeugung, um ans Ziel zu gelangen. Es sollte so richtig wirklich echt ihr Ding sein.

„Jeder muss für sich beantworten: Was ist mein Konzept, was will ich erreichen, was soll über mich erzählt werden?", stimmt auch Klinka diesem Ansatz prinzipiell zu, auch wenn er sich trotz aller bekannten Probleme mit der Chemie in seiner Funktion nicht auf die Natur als einzige oder zumindest beste Lösung festlegen lassen kann. „Wenn jeder Einzelne, der motiviert ist, es schafft, etwas anzubieten, das die Kunden ausschließlich von ihm oder ihr wollen, dann kann man das Niveau des Ganzen heben. Das ist ein langer Weg, und er beginnt mit Wollen."

Ein Wollen, das von der Jugend selbst kommen muss: Die Berufsschule Goldschlagstraße bereitet ein „All-you-can-eat-Buffet", bedienen und etwas daraus machen müssen sich die Schülerinnen und Schüler aus eigenem Antrieb. CULUM-NATURA genießt dabei eine Sonderstellung: Die Firma sorgt als Einzige dafür, dass auch „Bio-Vollwertkost" Teil des „Buffets" ist. In einer von Oberflächlichkeit, Konsumismus und Fast Food geprägten Welt setzt sie Zeichen für ein bewussteres Leben in Verantwortung und leistet damit einmal mehr Pionierarbeit: Für die meisten Schülerinnen und Schüler ist das Naturfriseur-Konzept völliges Neuland. Ungeachtet dessen wird es sehr gut angenommen und weckt großes Interesse, eignet es sich doch nebst allen anderen Vorzügen ideal für das Herausarbeiten eines spezifischen Profils und die Präsentation einer eigenen Geschichte als notwendigen Voraussetzungen für den Erfolg. Weil das Unternehmen selbst nach 20 Jahren auf einer mit größter Konsequenz verfolgten Linie an scharfkantigem Profil kaum zu übertreffen ist.

„Die leisten gute Arbeit", werden CULUMNATURA dann auch seitens der Berufsschule Rosen gestreut. Den Beweis dafür liefert nicht zuletzt der Naturfriseur-Mitbewerb in Wien, der zu seinem Bedauern für Classroom 20.20 nicht berücksichtigt wurde, nun aber seinerseits auf den Zug aufgesprungen ist und mit vermehrten Weiterbildungsangeboten für Wiener Lehrlinge versucht, dem Nachwuchs die Natur schmackhaft zu machen. Die Zeichen der Zeit stehen günstig, weiß Martin Klinka: „Die Naturfriseure, deren Dornröschenschlaf vorbei ist, haben eine große Chance wie schon lange nicht mehr, sich zu etablieren." Natürlich gilt sein Credo auch für Naturfriseur/-innen: „Sie müssen sich wie alle anderen bei der Nase nehmen und sich erklären: Warum lebe ich das?"

„Warum lebe ich das?"

Friseurinnen und Friseure, die gemäß der CULUMNATURA-Philosophie arbeiten und deren Produkte verwenden, haben es da nicht schwer: Sie teilen die von Willi vorgelebte und in Form der Ausbildung zur Haut- und Haarpraktikerin festgeschriebene Überzeugung, mit dem Weg der Natur auf dem richtigen Weg zu sein. Argumente pro gibt es zuhauf: Viele

sind persönlich direkt betroffen, sahen sich aus gesundheitlichen Gründen vor die Wahl gestellt, die der Arzt von Lydia
Streicher so mitleidlos zusammenfasste – „mach was anderes
oder du wirst krank". Gesundheitsprobleme mit konventioneller Kosmetik grassieren in der Frisierbranche, sind aber auch
für eine wachsende Zahl an Kundinnen und Kunden ein leid-
volles Thema. Die CULUMNATURA-Philosophie kann auch mit
Betonung auf unser aller Verantwortung für unsere Umwelt
vertreten werden, mit der ökologischen Produktgestaltung;
oder man streicht die Fairness des Geschäftsmodells heraus,
die große soziale Verantwortung, die das Gemeinwohl-Ökonomie-Unternehmen immer wieder übernimmt. Oder man
weist auf den einzigartigen Umstand hin, dass all dies –
Umwelt- und Gesundheitsbewusstsein, faires Wirtschaften,
soziale Verantwortung ... – gleichermaßen musterhaft umgesetzt wird.

Für die Kundschaft, die typischerweise Bioprodukte kauft und
sich am FairTrade-Label orientiert und also zu den bewusst
Konsumierenden zählt, sind all diese Argumente sicherlich
von mehr oder weniger großer Bedeutung, letztendlich muss
aber, damit eine stabile Kundenbindung entsteht, die Performance im Salon stimmen, muss die Qualität der Dienstleistung und der verwendeten Produkte überzeugen. Und
tatsächlich hebt sich ein gut geführter Naturfrisiersalon auf
wohltuende Weise von vielen konventionellen, auf Durchlauf
und Profitmaximierung ausgerichteten Haarschneideanstal-
ten ab. Es ist eine Frage des Respekts, dass die Friseurin, der
Friseur dem Menschen im Salon die ungeteilte Aufmerksamkeit zugesteht und nicht zwischendurch immer wieder Tele-
fonate führt und Termine vereinbart: Aufmerksamkeit heißt
zudem, sich einzufühlen – will der Kunde sich unterhalten
und wenn ja, worüber? Will er einfach schweigend die Bürs-
tenmassage genießen? Und natürlich strikt fachbezogen:
Gibt es Auffälligkeiten des Hautbilds, des Zustands der Haare,
der Gesamterscheinung? Das alles braucht auch Zeit – Zeit,
die die Kundin sich vergönnt und auch etwas kosten lässt,

Zeit, die die Friseurin in wohltuender Ruhe und Entspannt-
heit dafür nützen kann, aus dem nüchternen Verpassen eines
neuen Haarschnitts ein Wellness-Erlebnis mit Zusatznutzen
zu machen.

Ganz oben auf der Liste der Dinge, die Ökocoiffeure zum Teil
ihrer „Geschichte" machen können, steht die Beratung: Die
Haut- und Haarpraktiker-Ausbildung sorgt nicht nur für ein
großes Plus an ganzheitlichem Wissen, sprich der Substanz
der Beratung, sondern widmet dem Beraten selbst ein ganzes,
die Ausbildung abschließendes Modul. Dabei werden alle Inhalte rekapituliert, der Zusammenhang von allem Gelernten
noch einmal hervorgehoben und insbesondere praxisnahe
Beratungsabläufe durchgespielt. Der hohe Anspruch an die
Absolvent/-innen in den Worten Astrids: „Wir sehen die Naturfriseurinnen und -friseure als Vermittler zwischen Klient
und Heilpraktiker oder Patient und Arzt."

Hebung des Ansehens

Damit schließt sich der Kreis: Die mittelalterlichen Bader, aus
deren Reihen die Friseure hervorgingen, waren eine Vorform
der Heilpraktiker, die Bartscherer gewissermaßen Bader mit
Teilkompetenz. Es war weiter oben davon die Rede, dass Willi
nicht in dem Sinn missioniert, dass er anderen seine Meinung
aufdrängt. Er ist aber nichtsdestotrotz auf einer Mission, hat
einen Auftrag, der ihm sehr wichtig ist: „Er möchte in der
Branche der Friseure eine Veränderung herbeiführen", wie
es Co-Geschäftsführerin Katharina Kronsteiner formuliert.
„Willi will das Ansehen seines Berufsstandes heben, wieder
in einstige Höhen führen, und der Weg dorthin ist für ihn
offensichtlich: Er führt über ganzheitliches Wissen, Ausbildung, Zusatzqualifikationen."

Auch seitens der Innung Niederösterreich wird das Vorhaben begrüßt: „Das Modell Hollabrunn ist meines Erachtens ein Erfolgsmodell, das noch einige Berufsschulen in Österreich annehmen können", hält Landeslehrlingswart Dieter Holzer fest. Eine Aussage darüber, ob und falls ja wie die Innung das Modell und dessen Verbreitung aktiv unterstützen werde, ist dem Funktionär aber nicht zu entlocken, zumal dies in der Entscheidung der Schulen liege. Dabei sieht er in der mittelfristigen Zukunft die Ausbildungsreihe zur Haut- und Haarpraktikerin sogar als Kandidatin für eine der im Nationalen bzw. Europäischen Qualifizierungsrahmen anerkannten Zusatzqualifikationen, dank der man sich im achtstufigen Qualifizierungsranking hocharbeiten könnte, eventuell bis auf Fachhochschulniveau.

Bis dahin ist es, da treffen sich alle in seltener Eintracht, noch ein weiter Weg. Ansätze wie das Modell Hollabrunn oder Classroom 20.20 überwinden immerhin jetzt schon ganz oder teilweise das Problem, dass Betriebe, Hersteller und Berufsschulen, die in einer perfekten Welt alle an einem Strang ziehen sollten, in der Realität allzu oft mit dem Löffeln ihrer eigenen Süppchen vollauf beschäftigt sind. Die Schwächsten, die Lehrlinge, bleiben da nicht selten außen vor.

Der Mangel an Kommunikation zwischen den Protagonisten führt auch zu sehr unterschiedlichen Sichtweisen: Während die meisten Berufsschullehrer etwa selbstverständlich die Berufsschule in der Pflicht sehen, von den Friseuren nicht angewandte Teile des Berufsbildes zu vermitteln, beharrt man seitens der Innung darauf, dass die Vermittlung von praktischen Lehrinhalten allein Aufgabe der Lehrbetriebe sei. Was, einmal abgesehen von der personell und wirtschaftlich engen Situation vieler Salons, vielfach schlichtweg nicht funktionieren kann, weil es die Realitäten der Branche ignoriert: So lautet die offizielle Berufsbezeichnung ja Friseur und Perückenmacher, in der Praxis werden Perücken aber so gut wie nirgends mehr gemacht. Übernähme die Schule nicht den Part des Perückenmachers, müsste eine Handvoll Frisiersalons die Lehrlingsausbildung ganz Österreichs abdecken. Martin Klinka nennt noch ein weiteres Beispiel: „Wie viele Salons in Österreich gibt's – es heißt ja im Berufsbild Herrenhaarschnitt mit Rasur –, die Rasieren anbieten? Die große Mehrheit der Lehrlinge hat Angst vor dem Rasiermesser. Mit Ausnahme jener, die aus dem Süden kommen, aus der Türkei oder dem ehemaligen Jugoslawien, wo sie in Salons arbeiten, die das auch anbieten. Die Burschen können zwar kaum einen Kamm gerade halten, aber das Rasiermesser beherrschen sie eins-a. Super. Auch diese Salons bilden Lehrlinge aus, obwohl sie nur im Herrenbereich tätig sind."

Im Ökobereich konzentriert sich die Problematik auf zwei Bereiche: Haare färben und Dauerwelle. Für die Weigerung der Natur-Lehrbetriebe, sich mit der harten Dauerwellenchemie abzugeben, hat Lehrlingswart Dieter Holzer eine einfache Lösung parat: „Es geht ja nur ums richtige Wickeln der Haare, nass machen kann man die auch mit Wasser." In Wien übernimmt einmal mehr die Berufsschule Goldschlagstraße nötigenfalls die Dauerwellen-Ausbildung, konkret etwa bei Lehrlingen einiger Wiener Naturfriseur-Salons. Knifflig wird es beim Thema Haarefärben, auch wenn das laut den geltenden Bestimmungen nicht so sein sollte: Definitiv darf für die Lehrabschlussprüfung jede Art von Farbe verwendet werden, nirgends ist explizit von oxidativer Haarfarbe die Rede und auch nicht von einer 100-prozentigen Deckkraft, lediglich von einer „sichtbaren Farbveränderung". In der Prüfungspraxis werden die Arbeiten aber von Friseuren beurteilt, deren althergebrachte Sehgewohnheiten in aller Regel nur das als gelungen betrachten, was der chemischen Konvention entspricht. Aus der Goldschlagstraße heißt es dazu: „Damit sind wir wieder bei der Ausbildung. Wenn ich weiß, was ich tue, was das Produkt macht und wie ich argumentieren muss, werde ich wahrscheinlich Erfolg haben. Wenn ich nur sage ‚okay, das machen wir im Salon eben so, anders hat es mir niemand gezeigt', dann wird's wohl heißen: Lieb von dir, aber bitte: In fünf Wochen sehen wir uns wieder." Man muss sich also zu behaupten wissen und seine Naturfriseurin stehen.

Das schwingt auch ganz im Einklang mit dem, wofür CULUM-NATURA eintritt. Erheben wir uns für einen Moment aus den „Niederungen" technischer, bürokratischer und logistischer Details hinauf in die lichten Höhen der reinen Idee, der großen Absicht, die dahintersteckt. Für das, was Willi Luger anstrebt, gibt es einen schönen Begriff aus der Psychologie: Empowerment[135]. Den Menschen ihre Selbstbestimmtheit zurückzugeben und mit den Werkzeugen auszustatten, ein eigenständiges, verantwortungsvolles (Berufs-)Leben zu führen, entspricht vollkommen Willis großem Wunsch nach Individualität und Freiheit. Unbedingte Voraussetzung dafür ist Bildung und Ausbildung, das gilt gleichermaßen für jeden Einzelnen und den ganzen, zunehmend globalisierten und macdonaldisierten (verappleten, facegebookten, bis in den letzten Winkel ergoogelten ...) Planeten.

Die Ausbildung zum Haut- und Haarpraktiker leistet aber mehr als individuelles Empowerment: Sie ist ganzheitlich. Diese Erweiterung ist wichtig, denn Selbstbestimmung ohne

---

[135] *„Mit Empowerment (von engl. empowerment = Ermächtigung, Übertragung von Verantwortung) bezeichnet man Strategien und Maßnahmen, die den Grad an Autonomie und Selbstbestimmung im Leben von Menschen oder Gemeinschaften erhöhen sollen und es ihnen ermöglichen, ihre Interessen (wieder) eigenmächtig, selbstverantwortlich und selbstbestimmt zu vertreten. Empowerment bezeichnet dabei sowohl den Prozess der Selbstbemächtigung als auch die professionelle Unterstützung der Menschen, ihr Gefühl der Macht- und Einflusslosigkeit (powerlessness) zu überwinden und ihre Gestaltungsspielräume und Ressourcen wahrzunehmen und zu nutzen. (...) im Deutschen (wird) Empowerment gelegentlich auch als Selbstkompetenz bezeichnet." https://de.wikipedia.org/wiki/Empowerment, abg. am 23.10.2015*

soziale Verantwortung birgt die Gefahr von Egoismus in sich; das schriebe die kapitalistische Ellenbogen-Konkurrenzgesellschaft fort. Und Selbstbestimmung ohne Bewusstsein für unseren Mutterplaneten ist narzisstisch und damit letztlich selbstzerstörerisch.

Vielleicht scheinen das jetzt gar große Worte für einen kleinen niederösterreichischen Betrieb zu sein. Willi würde sie mit Sicherheit nie in den Mund nehmen: Das röche ihm zu sehr nach Show und Selbstdarstellung. Weshalb er sich ja von vorneherein dazu entschlossen hatte, einen Schreiber zu beauftragen, seine Geschichte in Worte zu fassen. Der nun wiederum kein Problem damit hat, gebührende Ehren zu vergeben und zu benennen: Das Ausbildungsmodell ist, eingebettet in ein sozial verantwortliches, ökologisch ausgerichtetes Gemeinwohl-Ökonomie-Unternehmen, beispielhaft. Es zeigt, wie es auch gemacht werden könnte, mit weniger oder keiner Konkurrenz, mit einem viel kleineren ökologischen Fußabdruck, mit mehr Fairness, mehr Selbstbestimmtheit, weniger Stress und besseren wirtschaftlichen Aussichten. „Think global, act local", also denke global, im Großen, handle lokal, im Kleinen, ist heute nicht weniger gültig, nur weil es als Motto ein wenig aus der Mode gekommen scheint. Willi Luger hat nichts anderes gemacht: große Ideen im Kleinen, im eigenen Wirkungsbereich, umgesetzt. Und damit ein Beispiel gegeben, Nachahmer gefunden und auch bereits die junge Generation erreicht.

Nun sollte es darum gehen, den Wirkungsbereich weiter zu vergrößern. Lydia Streicher zur Frage, was man eventuell noch besser machen könnte: „Da fällt mir nur eines ein: Sie sollten das mehr nach außen tragen. Es ist sicher schwierig, das an den Mann zu bringen, aber auch sehr wichtig, dass die Leute davon wissen. Da könnten sie ein bisschen mehr machen."

Gesagt, getan – bzw. geschrieben. Natürlich soll auch dieses Buch – „Tu Gutes und rede darüber!" – einen Beitrag zu diesem Vorhaben leisten. Wer bis hierher gelesen hat, wird möglicherweise geneigt sein, diesen Anspruch als erfüllt zu betrachten. Und sich auch noch das letzte Kapitel vornehmen, in dem es ein bisschen philosophisch wird und das Ganze abgerundet und in einen größeren Rahmen gebettet werden soll.

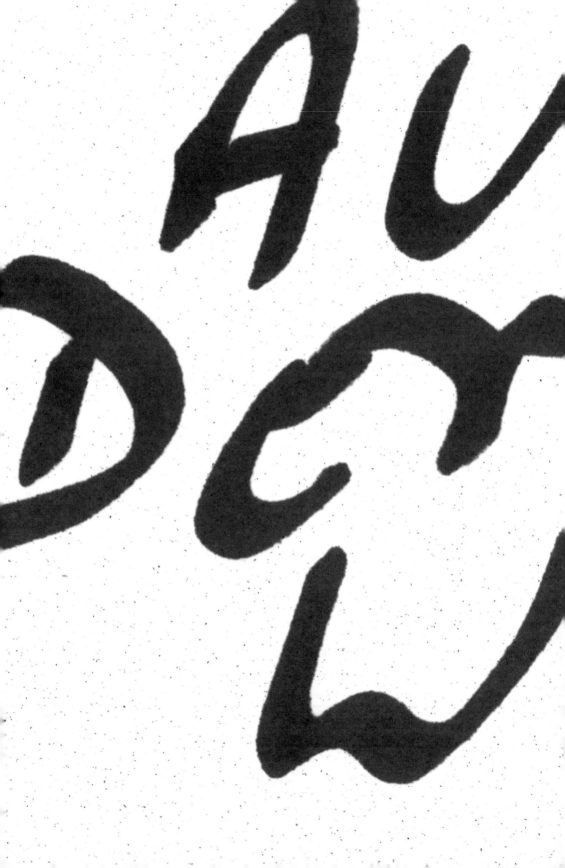

6. Kapitel:

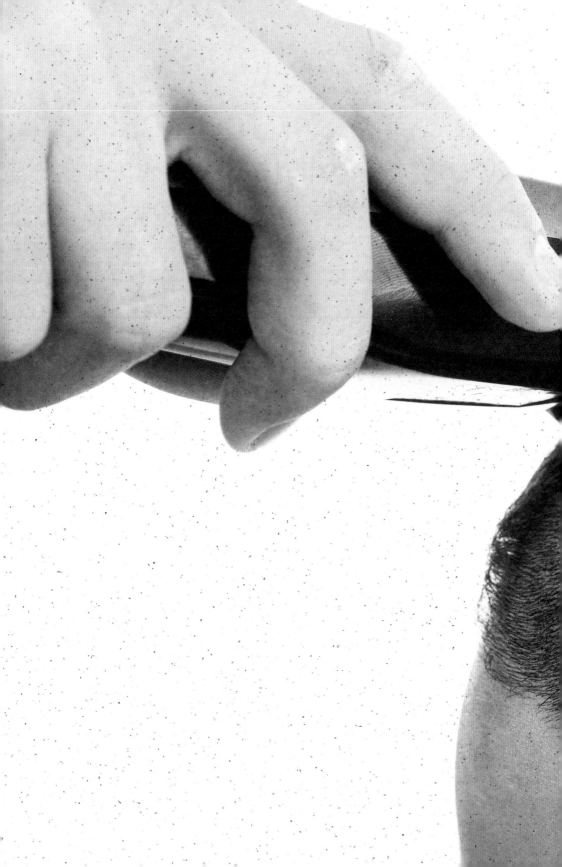

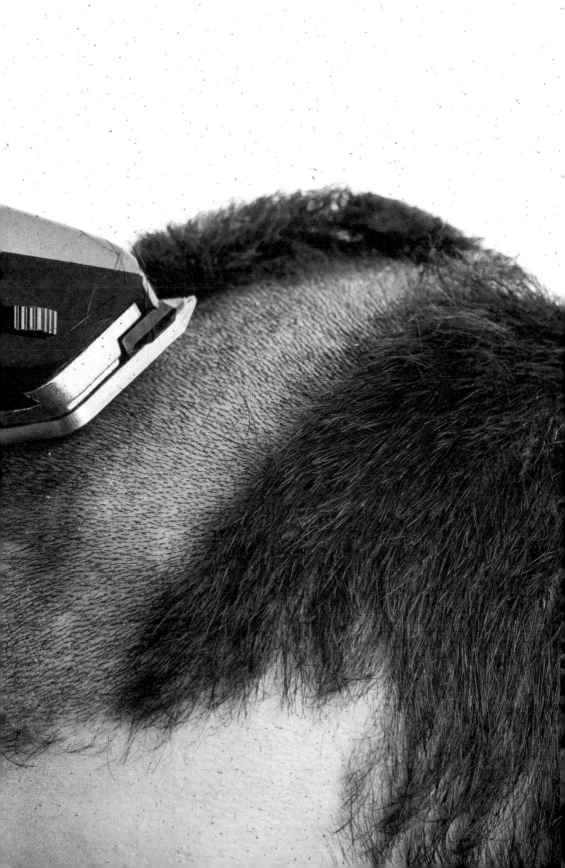

Ökologische Produkte und Produktion, ein faires Bezahl- und Vertriebsmodell, Wissensvermittlung als Königsweg für Branchenkolleginnen und -kollegen und solche, die es werden wollen: Die drei Säulen, auf denen das Modell CULUM-NATURA ruht, ergänzen einander zu einer Gesamtheit, auf die der in diesem Buch oft zitierte Begriff der Konsequenz genau zutrifft. Als erwünschte Nebenwirkung bringt Willi damit zugleich sein ganz persönliches Anliegen voran: die Hebung des Ansehens seines Berufsstandes.

Nun soll das alles noch mehr nach außen getragen werden. „Das alles" umfasst dabei weit mehr als nur ein Unternehmen, vielmehr geht es um das vorgelebte Beispiel: Fairness, hohe Arbeitszufriedenheit, viel Selbstbestimmtheit, umweltgerechtes Verhalten, soziales Engagement etc. Entscheidend wichtig ist zudem die Tatsache, dass sich auch der marktwirtschaftliche Erfolg einstellte, gerade weil der Ernstbrunner Naturkosmetik-Pionier sich für „das alles" starkmacht, konsequent und in höchstem Maße glaubwürdig von Anfang an.

Rein marketingtechnisch betrachtet wurde der Königsweg zum ökonomischen Erfolg mit dem Slogan „Wir verbinden Schönheit mit Natürlichkeit" gefunden; selbstverständlich funktioniert das nur deshalb, weil es vollinhaltlich gelebte Realität war und ist. Warum das aber so ist, bedarf eines etwas weiteren Ausholens, das uns auch ein wenig in die Bio-Geschichte führt.

Am ehesten erreicht man die Menschen erfahrungsgemäß dort, wo es leicht geht, Spaß macht, wo sie dem Lustprinzip frönen und nach Belieben konsumieren können – „zuerst kommt das Fressen, dann die Moral" in den Worten von Bertolt Brecht. Das ist weniger eine Charakterschwäche als eine Frage des Naturells – es ist in uns angelegt. Genauer gesagt ist es das Erbe von Hunderttausenden von Jahren humanoider Evolutionsgeschichte, in denen in jeder Minute Mangel und Hunger drohten und das Überleben davon abhing, in Zeiten des Überflusses so viele Reserven wie möglich anzulegen und generell jede Gelegenheit zum Konsum zu nutzen. Dementsprechend lauern knapp unter der kultivierten Oberfläche einfache Bedürfnisse begierig darauf, befriedigt zu werden: Essen, Sex, Unterhaltung. (Gehen Sie einmal hungrig einkaufen und versuchen Sie nur das in den Einkaufswagen zu legen, was Sie wirklich brauchen ...)

Überernährung, Überfischung, Müllberge in Folge von übermäßiger Güterproduktion sind nur einige der Folgen, die direkt mit dem tief verwurzelten Verlangen nach möglichst häufigem Konsum zusammenhängen, befeuert noch von einer Werbe- und Medienmaschine, für die es nichts Vergleichbares in der Menschheitsgeschichte gibt. „Mehr" ist in einem auf permanentes Wachstum ausgelegten Wirtschaftssystem die oberste Direktive.

Dann, angefangen in den 1960er- und 1970er-Jahren[136], wurde es den Ersten klar: Aus dem andauernden „Mehr" war längst ein „viel Zuviel" geworden.

Die naheliegende Antwort der ersten Umweltbewegten bestand in einem „Weniger", sollte der Menschheit der Umstieg in eine nachhaltige[137] Zukunft gelingen. Weniger Produktion, weniger Konsum, weniger Ressourcen- und Energieverbrauch.

Die marketingtechnische Schwierigkeit dabei: Das alles hatte mit Verzicht zu tun und widersprach damit dem äonenlang verfestigten Konsumtrieb. Verzichten macht in der Regel einfach keinen Spaß. Insbesondere, wenn man sich die Anfänge

....

[136] Beispielhaft dafür: „Die Grenzen des Wachstums", eine 1972 am St. Gallen Symposium vorgestellte Studie zur Zukunft der Weltwirtschaft.

[137] nachhaltig im ursprünglichen Sinn: sehr langfristig bzw. im Idealfall dauerhaft funktionierend für die Hunderten von gefährdeten Arten

des Biozeitalters vor Augen führt: fleckige, verrunzelte Äpfel, kümmerliche Karotten, Sackkleidung in langweiligen Farben und alles zu jenseitigen Preisen. Kein Wunder, dass die Birkenstocksandalen-mit-Biowollsocken-Träger so manchen Spott zu ertragen hatten: Körndlfresser, Müeslifreak, Pfurzkisten-Gandhi[138].

[138] Letztere Wortschöpfung verdanken wir dem großen (Dialekt-)Schriftsteller H. C. Artmann; die hochdeutsche Entsprechung einer „Pfurzkiste" wäre die Komposttoilette.

Das ist lange her, auch wenn der angerichtete Imageschaden noch nicht restlos überwunden scheint. Ökologische Produkte sind längst selbst zu einem riesigen Markt geworden und erfuhren eine weitreichende Professionalisierung und Kommerzialisierung. Es gibt nicht mehr viel, was es nicht „in bio" gibt, und Produkte, die die Erwartungen der Verbraucher nicht erfüllen, bekommen keine Nachsicht à la „für den guten Zweck". Die Sachen sind meist teurer als konventionelle Erzeugnisse, also müssen sie auch einen Mehrwert liefern. Und zwar vorzugsweise einen, der unmittelbar sinnlich erfahrbar ist: zu schmecken, zu fühlen, zu sehen, zu riechen. An diesem Punkt, und das ist aus den beschriebenen Gründen für den Erfolg entscheidend, endet nämlich das so hinderliche Gefühl, verzichten zu müssen. Stattdessen erleben wir ein Mehr – an Genuss, nicht an Konsum.

Um dorthin zu gelangen, braucht es nicht zuletzt auch einen Bewusstseinswandel, eine geschärfte Wahrnehmung und gesteigerte Wertschätzung für Natur und Umwelt. „Bewusst(er)leben"[139] eben. Es ist in diesem Sinn auch eine Entscheidung, vor die jeder für sich selbst gestellt ist. Eine, die zu fällen sich aus Sicht der Verfasser unbedingt lohnt, denn: Zwischem bloßem Konsum und bewusstem Genuss liegen Welten.

[139] Titel eines CULUMNATURA-Ausbildungsmoduls, siehe Die Säule Wissen

Legen wir uns zum Beispiel eine dieser unvergleichlichen, sonnenwarmen, süß-aromatischen Bioerdbeeren aus der Region auf die Zunge: ein einziger Genuss. Den es natürlich gerade einmal vier, fünf Wochen im Jahr gibt. Aber müssen

Sie deshalb das ganze übrige Jahr auf Erdbeeren verzichten? Keineswegs. Denn die weißlich-blässlich-wässrigen Dinger, die es ansonsten zu kaufen gibt, funktionieren vielleicht halbwegs als Dekoration, hinterlassen aber außer gar keinem höchstens einen unangenehm säuerlichen Eindruck. Darauf zu „verzichten" ist in Wahrheit ein Gewinn. Dass Sie damit nebenbei den Import von hochgespritzten „Erdbeeren" aus Spanien oder Israel oder von wo auch immer boykottieren und einen positiven ökologischen Beitrag leisten, ist eine sehr erwünschte Nebenwirkung: Wir helfen der Umwelt, während wir genießen statt bloß zu konsumieren.

Das Ende des Verzichts, der Anfang von Genuss statt Konsum ist erreicht, wenn es gelingt, „Schönheit mit Natürlichkeit" zu verbinden, wobei anstelle von „Schönheit" auch Begriffe wie „besserer Geschmack", „unvergleichliches Tragegefühl" oder „allgemein verbessertes Wohlbefinden" etc. eingesetzt werden können. Willi Luger hat getreu diesem Anspruch eine ganz eigene Ästhetik entwickelt, die den Dingen ihr Eigenes lässt, ihre Natur, und gerade das Ungewöhnliche, Spezifische, Unwiederholbare hervorhebt. Wer sich darauf einlässt, wird reich belohnt: mit Vielfalt, Einzigartigkeit, Individualität – Leben. Wo andere rostiges Blech sehen, erblickt Willi den fehlenden Teil für sein Gartentor; was für andere alt ist, hat für ihn Charakter; was andere wegwerfen, ist für ihn genau das Teil, das der Gestaltung des Innenhofs den letzten Schliff gibt. Seit es das ökologische Gästehaus Luger gibt, in dem jedes Zimmer vollkommen eigenständig gestaltet ist, kann man sich diese Ästhetik nicht nur ansehen, sondern sogar darin wohnen – und die Sinnlichkeit eines geölten Vollholzbodens, die frische Luftigkeit eines lehmverputzten Hauses, den kombinierten Wohlgeruch ausgesuchter Naturmaterialien, das Gefühl von naturbelassenem Leinen auf der Haut selbst erleben.

Mit genau dieser Einstellung ist Willi an die Entwicklung seiner Kosmetik gegangen. Wir können aufhören, den „Verzicht" auf oxidative Haarfarben zu betrauern, gewinnen wir dank seiner (und vergleichbarer) Produkte doch unser natürlich schönes Haar zurück, gesünder und kräftiger. Ganz abgesehen davon, dass bei mit Pflanzenhaarfarben gefärbtem Haar alle natürlichen Farbverläufe und Schattierungen erhalten bleiben und das Resultat deshalb wie echt aussieht. Zugleich ersparen wir der Umwelt, sprich uns allen, ein klein wenig Friseurchemie. Wir können auch aufhören, uns mit Silikonen und Paraffinen die Haut zuzukleistern – auch diesen Konsum„verzicht" wird nicht nur Ihre Haut als genussvollen Gewinn erleben. Wir können aufhören, uns das Badezimmer mit einer Batterie an Shampoos, Lotions und Cremen für die unterschiedlichsten Körperteile und Tages- und Nachtzeiten vollzustellen und damit dem globalen Plastikmüllberg ein paar Mikrometer hinzuzufügen. Stattdessen decken wir sämtliche Haut- und Haarbedürfnisse der ganzen Familie mit einigen wenigen Fläschchen ab – individueller, ökologischer, aufgeräumter.

Willi war von klein auf naturverbunden, das mag dazu beigetragen haben, dass er den erwähnten Bewusstseinswandel schon relativ früh, in den 90ern, durchmachte. Während seine geschärfte Wahrnehmung ganz unmittelbar zur Entwicklung seiner Fach-Naturkosmetik führte, bildet seine naturnahe Grundeinstellung den Ausgangspunkt seiner Bemühungen um ein gerechteres Wirtschaften. Ewiges Wachstum, die unabdingbare Voraussetzung für das fast ausschließlich profitorientierte Wirtschaftssystem, mit dem wir derzeit leben, kann es in einer endlichen Welt nicht geben. Natur strebt nach Dauerhaftigkeit, nach unbegrenztem Funktionieren in Kreisläufen. Dafür braucht es Gleichgewicht, ein Ausbalancieren von Extremen. Es gibt schon einige wenige Beispiele in der Natur für Systeme, die ihren eigenen Zusammenbruch in sich tragen, aber ob gerade Heuschreckenschwärme, die so lange alles kahlfressen, bis sie sich ihrer Nahrungsgrundlage beraubt haben, oder Viren, die ihren Wirtskörper durch ungebremste Vermehrung zerstören, als Vorbild taugen?

140 Ulrike Hermann, Wirtschafts-
redakteurin der taz, in der-
standard.at/2000016482475/
Chaos-droht-Der-Kapitalis-
mus-ist-todgeweiht,
27.05. 2015, abg. am 9.05.2016

„Wie man den Kapitalismus transformieren kann, ohne dass er chaotisch zusammenbricht – dies muss noch erforscht werden."[140] Die Abkehr vom ewigen Wachstum wird jedenfalls mit Sicherheit ein wichtiger Teil der Antwort sein. Und diese ist möglich – sobald wir aufhören, darin einen Verzicht zu sehen und beginnen, den Gewinn wahrzunehmen. Der Ausstieg aus dem unaushaltbaren Dauerstress im kapitalistischen Wettkampf ist eine Befreiung, ein Gewinn an Lebensqualität, Muße und dem guten Gefühl, nicht gegen, sondern für Mensch und Natur tätig zu sein.

Auch die dritte Säule, Wissen, fügt sich nahtlos ins Bild. Es ist vollkommen natürlich, sein Wissen und seine Erfahrungen an die nachfolgenden Generationen weiterzugeben. Es entspricht dem Geist der Kooperation, ohne die es keine Entwicklung geben kann, zu kommunizieren, sich auszutauschen, Dinge miteinander zu teilen. Und Entwicklung ist unerlässlich, denn das Leben ist Veränderung, dauernde Anpassung, ständiger Wandel. Das verlangt nach lebenslangem Lernen – und die allerbeste Art des Lernens ist, sein Wissen mit anderen, mit den Jungen zu teilen.

Weil das so ist, weil der ewige Wandel die einzige Konstante ist, kann es auch kein Ziel und kein Ende geben. Auch CULUMNATURA ist nicht am Ziel, in keinem der drei Bereiche, die als Säulen des Gemeinwohl-Unternehmens dargestellt wurden: Natur, Wirtschaft, Wissen. CULUMNATURA ist auf dem Weg. Wir meinen: auf einem guten.

Sie sind mehr als willkommen, ihn ein Stück weit mitzugehen.

Anhang

Methylparabene und die Unlogik medialer Panikmache

Ein Beispiel für ökologische Überkorrektheit nicht nur von Willi, sondern der gesamten Naturkosmetikbranche liefern die Parabene: Diese in Naturkosmetik nach heutigen Standards unzulässigen Konservierungsmittel verrichteten 80 Jahre lang unauffällig ihre antimikrobiellen und fungiziden Dienste in hunderten Produkten, darunter Lebensmittel und Kosmetika, insbesondere weil sie ein äußerst geringes allergenes Potenzial besitzen. Dann konstruierte eine überaus fragwürdige britische Studie[141] einen Kausalzusammenhang zwischen Brusttumoren und Parabenen; zwar gab es keine Paralleluntersuchung des tumorfreien Brustgewebes der Patientinnen, auch hatte man es versäumt zu klären, ob überhaupt parabenhaltige Deos verwendet worden waren. Dennoch wurde aufgrund der „Ergebnisse" vor dem Einsatz parabenhaltiger Deos gewarnt, da die Konservierungsmittel eine Östrogen-ähnliche Struktur hätten, die im Wege einer hormonellen Wirkung unkontrolliertes Zellwachstum auslösen könnte (die Problematik der sogenannten „endokrinen Disruptoren" ist auf dem Gesundheitsmarkt aktuell eine der meistdiskutierten). Die Erkenntnis wurde mehrfach überprüft, konnte allerdings nie bestätigt werden. Zu diesem Zeitpunkt hatten die Medien sich jedoch längst auf das Thema gestürzt und den nicht seriös nachweisbaren Zusammenhang von Parabenen und Brustkrebs in unzähligen Köpfen verankert. Als dann auch noch eine dänische Studie eine mögliche verweiblichende Wirkung auf männliche Föten und Kleinkinder behauptete[142], musste gehandelt werden. Dänemark verbot 2011 Propyl-, Butyl-, Isopropyl- und Isobutylparabene in kosmetischen Produkten für Kinder unter drei Jah-

[141] Darbre et al., „Concentrations of parabens in human breast tumours", S. 5–13

[142] SCCS/1446/11, „Clarification on Opinion SCCS/1348/10"; darin kommt man zu dem Schluss, dass die Östrogen-Belastung durch einen durchschnittlichen Konsum von Sojabohnen 20-mal so hoch ist wie durch eine Exposition mit Butylparaben, dem Paraben mit der bei Weitem höchsten östrogenen Potenz.

ren; mit der Verordnung Nr. 358/2014 wurden die ohnedies selten eingesetzten Isopropyl-, Isobutyl-, Phenyl-, Benzyl- und Pentylparabene für die Verwendung in Kosmetika EU-weit generell verboten, für Ethyl-, Methyl-, Butyl- und Propylparabene wurden neue Höchstkonzentrationen festgelegt, die beiden Letzteren zusätzlich für den Einsatz im Windelbereich bei Kindern unter drei Jahren verboten[143]. Schon zuvor hatten viele Anbieter chemiehaltiger Kosmetik damit begonnen, ihre Produkte als „ohne Parabene" auszuloben, was zum einen ein wirksames Verkaufsargument darstellte, zum anderen die gefühlte Gefährlichkeit der in Verruf geratenen Konservierungsmittel weiter steigerte.

[143] *Verordnung (EU) Nr. 1004/2014*

Im Hinblick auf die gewünschte, idealtypisch hundertprozentige Verbrauchersicherheit wurde somit alles getan? Keineswegs: „Ohne Parabene" heißt nicht „ohne Konservierungsmittel", die grundlegende Anforderung der EU-Verordnung nach mikrobiellem Schutz von (Kosmetik-)Produkten muss natürlich weiterhin erfüllt werden. Der mit Abstand beliebteste Paraben-Ersatzstoff ist Methylisothiazolinon. Der ist nun aber ein fünfmal stärkeres Allergen als jedes Paraben, und da plötzlich Tausende in nie gekanntem Ausmaß mit der Substanz in Berührung kamen, stiegen die Sensibilisierungsraten steil an. Der Verband der europäischen Kosmetik-Industrie empfiehlt, bei Leave-on-Produkten (auf der Haut verbleibend) und bei kosmetischen Feuchttüchern auf das Biozid zu verzichten, seitens der SCCS ist der Stoff in Diskussion. Das Bundesinstitut für Risikobewertung hält angesichts dieses aktuellen Erkenntnisstandes den gänzlichen Verzicht auf Parabene aus gesundheitlicher Sicht für nicht sinnvoll.

Ehrliche Naturkosmetikhersteller könnten sich jetzt zurücklehnen und fragen: „Was geht uns das an? Das Zeug haben wir ohnedies nie verwendet." Eine legitime Einstellung. Im Zuge echter Transparenz sollte man aber schon daran erinnern, dass wie erwähnt jede Kosmetik laut EU-Verordnung Konservierung braucht. Im Fall von Natur- und Biokosmetik wird in der Regel aus einer sehr kurzen Positivliste an erlaubten Konservierungsstoffen gewählt, die auch in naturidenter Form gestattet sind: das heißt, alle diese Substanzen wie Ameisensäure, Benzoesäure, Salizylsäure, Sorbinsäure kommen in der Natur vor, man darf sie aber synthetisch erzeugen. In der Natur vor kommt allerdings auch Methylparaben, z.B. im Gelée royale, in Pflanzen, als Insektenpheromon, und sein allergenes Potenzial wird als noch geringer eingeschätzt als jenes der biokosmetiktauglichen Benzoesäure.

Gesetzliches Faktum ist: Methyl-, Ethyl-, Butyl und Propylparaben dürfen in konventioneller Kosmetik als Konservierungsstoffe eingesetzt werden, für zertifizierte Naturkosmetik kommt keine dieser Substanzen infrage. Willi rät strikt davon ab, zu Kosmetik mit Parabenen zu greifen: Zum einen empfiehlt er natürlich Naturkosmetik, womit Parabene von vorneherein ausgeschlossen sind. Zum anderen fällt die Risikoabschätzung für die vier noch zugelassenen Parabene unterschiedlich aus, und solange die Faktenlage in dieser Sache nicht eindeutig geklärt ist, lässt man nach Willis Überzeugung am besten die Finger davon. Und zwar von allen Parabenen: Da weder im Zuge des medialen Feldzugs noch bei den Auslobungen à la „ohne Parabene" je zwischen den verschiedenen Vertretern dieser Stoffgruppe differenziert wurde, lässt sich nach außen hin de facto auch nicht kommunizieren, dass nicht alles gleichzusetzen ist. Der ideologie- und absichtsfreie, also im besten Wortsinn wissenschaftliche Blick, der bei derartigen Detail-Fragestellungen doch eigentlich den Ausschlag geben sollte, wurde völlig verstellt.

Danksagung

Dass ich heute in der Lage bin, eine „Kopfwäsche" zu verabreichen, wäre nicht möglich ohne jene treuen Kundinnen und Kunden, die mich schon unterstützten, als CULUMNATURA noch ein ganz kleines Pflänzchen war. Ohne sie wären die schwierigen Anfangsjahre nicht zu überstehen gewesen, es gäbe meine Firma heute nicht und natürlich auch nichts darüber zu schreiben. Danke für euer Vertrauen.

Auch die Wahl des „Auffrisierers" weist in die Anfangsjahre zurück: Helmuth Santler lernte ich 1996 als Chefredakteur eines kleinen, engagierten Ökomagazins kennen und als versierten, unseren Ideen und Wertvorstellungen verbundenen Autor schätzen. Dank ihm ist „Kopfwäsche" alles Gewünschte geworden – Biografie, Firmenchronik, kritische Auseinandersetzung – und noch mehr: die branchenüberschreitende, beispielhafte Präsentation einer gelebten, gangbaren Alternative. Danke für die Zusammenarbeit – und dafür, dass sich deine Texte so gut lesen.

Mein herzlichster Dank gilt Astrid, meiner Weggefährtin durch dick und dünn, und Katharina, der Geschäftsführerin gewordenen Antwort auf alle Fragen in Bezug auf CULUMNATURA nach meinem Rückzug. Ohne euch und eure Bereitschaft, euch stundenlang mit dem langsam entstehenden Text zu beschäftigen, wäre nicht nur dieses Buch nicht möglich gewesen.

Als ganz besonderer Glücksgriff erwies sich die Wahl von Helmut Kindlinger als Meister der grafischen Gestaltung: Du hast die Seele des Buches sofort erfasst und ihr den perfekten Rahmen gegeben.

Last but not least ein pauschales Danke an meine Mitarbeiterinnen und Mitarbeiter, Referentinnen und Referenten und die zahlreichen Menschen, die durch Interviews, Wortspenden, Testlesungen, Feedback, Kommentare, Anregungen und nicht zuletzt praktische Demonstrationen von Naturfriseurkunst zum Gelingen des Werks beigetragen haben.

Willi Luger
Ernstbrunn, im Juli 2016

Quellenverzeichnis

Internet:

http://abcnews.go.com
http://bmg.gv.at
https://books.google.at/books
http://de.wikipedia.org
http://derstandard.at/
http://dkg.ivdk.org
http://ec.europa.eu/
http://eur-lex.europa.eu
http://europa.eu
http://gestis.itrust.de
http://hoax-info.tubit.tu-berlin.de
http://jadn.co.uk
http://label-online.de/
http://naturkosmetik-zertifizieren.de
http://ntp.niehs.nih.gov
http://products.boerlind.com
http://www.aerzteblatt.de
http://www.ages.at
http://www.attac.at
http://www.beyer-soehne.de
http://www.bfr.bund.de
https://www.bio-kosmetika.com
http://www.blondblog.de
http://www.buzer.de
http://www.chemicalbook.com
http://www.cosmetic-business.com
http://www.cosmeticsdesign-europe.com
http://www.culumnatura-naturkosmetik.com
http://www.dailymail.co.uk
http://www.enzyklopaedie-dermatologie.de
https://www.facebook.com
http://www.fda.gov

http://www.fitforfun.de

https://www.gesundheit.gv.at

http://www.gesundheitsamt-bw.de

http://www.gfbv.it

https://www.global2000.at

http://www.greenpeace.org/austria/de/

http://www.haarfragen.de

http://www.hausarbeiten.de

http://www.ikw.org

http://www.ionc.info

http://www.kosmetik-check.de

http://www.krone.at

http://www.landspeis.com

http://www.lgl.bayern.de

http://www.loreal.de

http://www.mintel.com

http://www.naturkosmetik-verlag.de

http://www.ncco-ev.de

http://www.oekotest.de

http://www.parlament.gv.at

https://www.ris.bka.gv.at

http://www.rsc.org

http://www.salus.de

http://www.sicherearbeit.at

http://www.spiegel.de

http://www.stylesy.de/

http://www.the-dermatologist.com

http://www.theguardian.com

http://www.ua-bw.de

https://www.umweltbundesamt.de

https://www.verbrauchergesundheit.gv.at

https://www.wko.at

http://www.yelp.com

Literatur, Druckwerke, Rechtsvorschriften:

Allgemeine Unfallversicherungsanstalt (AUVA), Hg.: „Hautnah an der Schönheit". Wien 2014

Allgemeine Unfallversicherungsanstalt (AUVA), Hg.: „Hautschutz. Prävention berufsbedingter Hauterkrankungen".
Dezember 2015

Felber, Christian: „Freihandelsabkommen TTIP. Alle Macht den Konzernen?". Deuticke, München 2014

Felber, Christian: „Gemeinwohl-Ökonomie. Erweiterte Neuausgabe". Deuticke, Wien 2010, 2012 und 2014

Bund Deutscher Industrie- und Handelsunternehmen (BDIH): „Anlage 2 zum BDIH Standard für Kontrollierte Natur- und Biokosmetik (Positivliste)", 10. 2. 2015

Bund für Umwelt und Naturschutz Deutschland e. V. (BUND) (Hg.): „Mikroplastik. Die unsichtbare Gefahr. Der BUND-Einkaufsratgeber". Berlin o. J.

Bundesinnung der Friseure Österreichs (Hg.): „Friseur aktiv". Vierteljahresschrift, Wien

Bundesministerium für Gesundheit (Hg.): „Meine Haut spielt verrückt. Was tun bei Kontaktallergien?". Wien 2014

Deutscher Allergie- und Asthmabund e.V. (DAAB) (Hg.): „Bewusster Leben mit Kontaktallergien. Ratgeber zu allergenen Kosmetikinhaltsstoffen: INCI-Deklaration verstehen und nutzen". Mönchengladbach 2009

Darbre, P. D. / Aljarrah, A. / Miller, W. R. / Coldham, N. G. / Sauer, M. J. / Pope, G. S.: „Concentrations of parabens in human breast tumours". In: Journal of applied toxicology: JAT. Band 24, Nummer 1, 2004 Jan-Feb

ECOCERT Greenlife S.A.S. (Hg.): „Ecocert Standard. Natural and Organic Cosmetics". L'Isle Jourdain 2012

Gesellschaft für angewandte Wirtschaftsethik (Hg.), Lilienfeld-Toal, Sophie v.: „Raus aus dem Label-Dschungel. Infobroschüre über Naturkosmetik-Label". PDF, Bad Sooden-Allendorf o. J.

Grenzwerteverordnung 2011 – Verordnung des Bundesministers für Arbeit, Soziales und Konsumentenschutz über Grenzwerte für Arbeitsstoffe sowie über krebserzeugende und fortpflanzungsgefährdende (reproduktionstoxische) Arbeitsstoffe (Grenzwerteverordnung 2011 – GKV 2011), Anhang III/2011

Gütt, Sabine: „Kosmetik" (Fachkunde). Cornelsen, Berlin 2012 Industrieverband Körperpflege und Waschmittel e. V. (Hg.): „Kosmetika, Inhaltsstoffe, Funktionen. Hintergrundinformationen für Verbraucher". Frankfurt/Main 2013

Irion, Hans (Hg.): „Drogisten-Lexikon. Band III". Springer-Verlag OHG, Berlin/Göttingen/Heidelberg 1958

Kehrbusch, Susanne: „Alles klar mit Haut und Haar". emu-Verlags-GesmbH., Lahnstein 2001, 4. Aufl. 2004

Neureiter, F. v./ Pietrusky, F. / Schütt, E.: „Handwörterbuch der gerichtlichen Medizin und naturwissenschaftlichen Kriminalistik: In Gemeinschaft mit zahlreichen Fachgenossen des In- und Auslandes". Julius Springer, Berlin 1940 (heute Springer-Verlag Berlin, Heidelberg)

Österreichisches Lebensmittelbuch, IV. Auflage, Kapitel / A 8 / Landwirtschaftliche Produkte aus biologischer Produktion und daraus hergestellte Folgeprodukte, Veröffentlicht mit Geschäftszahl: BMG-75210/0024-II/B/13/2014 vom 22. 10. 2014. Abschnitt 6 „Biokosmetika", S. 29–40

Österreichisches Lebensmittelbuch, IV. Auflage, Codexkapitel / B 33 / Kosmetische Mittel, Veröffentlicht mit Erlass: BMGFJ-75210/007-IV/B/7/2008 vom 14. 5. 2008. Abschnitt „Naturkosmetik" S. 3–8

Scientific Committee on Consumer Products: SCCP/1084/07, „OPINION ON Toluene-2,5-diamine"

Scientific Committee on Consumer Safety: SCCS/1443/11, „OPINION ON p-Phenylenediamine"

Scientific Committee on Consumer Safety: SCCS/1446/11, „Clarification on Opinion SCCS/1348/10 in the light of the Danish clause of safeguard banning the use of parabens in cosmetic products intended for children under three years of age"

Scientific Committee on Consumer Safety: SCCS/1479/12, „OPINION ON Toluene-2,5-diamine and its sulfate"

Scientific Committee on Consumer Safety: SCCS/1491/12, „OPINION ON 2-Methoxy-methyl-p-phenylenediamine and its sulfate salt"

Scientific Committee on Consumer Safety: SCCS/1511/13, „OPINION ON Lawsonia inermis (Henna)".

Stiens, Rita: „Die Wahrheit über Kosmetik. Der kritische Wegweiser durch den Kosmetik-Dschungel". RS Media, Ankum 2013, 2. Aufl. 2014

Schmalbach, Antonella: „E-Book-Ratgeber Beauty und Kosmetik". http://www.stylesy.de/files/ebooks/beauty-kosmetik.pdf. o. J.

Statistik Austria. Verbraucherpreisindex 2010, erstellt am 16. 11. 2015

Trautmann, Axel / Kleine-Tebbe, Jörg: „Allergologie in Klinik und Praxis: Allergene – Diagnostik – Therapie". Georg-Thieme-Verlag, Stuttgart 2013

Trojanow, Ilja: „Der überflüssige Mensch". dtv, München 2015 Umweltbüro Berlin-Brandenburg e. V. (Hg.): „Ökolabel für Naturkosmetik". PDF, Berlin o. J.

Verein zur Förderung der Gemeinwohl-Ökonomie (Hg.): „Die Gemeinwohl-Bilanz. Für Ihr Unternehmen heute und für die Wirtschaft von morgen". Infobroschüre, Wien, Mannheim 2015

VERORDNUNG (EU) Nr. 344/2013 DER KOMMISSION vom 4. April 2013 zur Änderung der Anhänge II, III, V und VI der Verordnung (EG) Nr. 1223/2009 des Europäischen Parlaments und des Rates über kosmetische Mittel, gültig ab 11. Juli 2013 / LISTE DER STOFFE, DIE KOSMETISCHE MITTEL NUR UNTER EINHALTUNG DER ANGEGEBENEN EINSCHRÄNKUNGEN ENTHALTEN DÜRFEN

Verordnung (EU) Nr. 358/2014 der Kommission vom 9. April 2014 zur Änderung der Anhänge II und V der Verordnung (EG) Nr. 1223/2009 des Europäischen Parlaments und des Rates über kosmetische Mittel

VERORDNUNG (EU) Nr. 658/2013 DER KOMMISSION vom 10. Juli 2013 zur Änderung der Anhänge II und III der Verordnung (EG) Nr. 1223/2009

Verordnung (EU) Nr. 1004/2014 der Kommission vom 18. September 2014 zur Änderung des Anhangs V der Verordnung (EG) Nr. 1223/2009 des Europäischen Parlaments und des Rates über kosmetische Mittel

VERORDNUNG (EU) 2015/1190 DER KOMMISSION vom 20. Juli 2015 zur Änderung des Anhangs III der Verordnung (EG)

Nr. 1223/2009 des Europäischen Parlaments und des Rates über kosmetische Mittel

Wirtschaftskammer Österreich – Stabsabteilung Statistik (Hg.): „Friseure: Branchendaten". Wien 2015

....

Impressum

KOPFWÄSCHE von und mit Willi Luger, auffrisiert durch Helmuth Santler

1. Auflage 2016

Herausgeber | Willi Luger

Autoren | Willi Luger, Helmuth Santler

Grafische Konzeption und Gestaltung | Helmut Kindlinger – Atelier für feine Grafik und gute Werbung

Fotografie | Rita Newman, Albert Winkler/Aelbi, ARENA Creative/Shutterstock, Olha K/Shutterstock, Eaglesky/Shutterstock, nevodka/Shutterstock, Skylines/Shutterstock, Zdenka Darula/Shutterstock, petrova_dc/Shutterstock, domnitsky/Shutterstock, Richard Griffin/Shutterstock, Scisetti Alfio/Shutterstock, Snowbelle/Shutterstock, Tischenko Irina/Shutterstock, Elena Schweitzer/Shutterstock, NEGO-VURA/Shutterstock, Atlaspix/Shutterstock, Standard Studio/Shutterstock, Jakkrit Orrasri/Shutterstock, angelakatharina/Shutterstock, Axente Vlad/Shutterstock, aboutsung/Shutterstock

Druck | Riedeldruck GmbH

Papier | Munken Pure, 300 g/m² und 170 g/m²

Verlag | STEINVERLAG GmbH , 3632 Bad Traunstein

ISBN | 978-3901392-73-3

Bezugsmöglichkeit | Im Buchhandel sowie über www.culumnatura.com, www.steinverlag.at

Copyright 2016 | Willi Luger, Hauptplatz 16 A, 2115 Ernstbrunn Alle Rechte der Verbreitung (auch auszugsweise) durch jedwedes Medium sind vorbehalten und bedürfen der ausdrücklichen Genehmigung der Autoren.